Wege zur Glückseligkeit

Einführung in Tantra

Wege zur Glückseligkeit

Einführung in Tantra

Lama Thubten Yeshe

Ausgewählt und herausgegeben von Jonathan Landaw

Aus dem Amerikanischen von Sylvia Wetzel

Diamant Verlag München

CIP-Kurztitelaufnahme der Deutschen Bibliothek

Yeshe, Thubten:
Wege zur Glückseligkeit: Einf. in Tantra / Lama Thubten Yeshe. Ausgew. u. hrsg. von Jonathan Landaw.
Aus d. Amerikan. von Sylvia Wetzel.
3. Auflage München: Diamant Verlag, 1998
Einheitssacht.: Introduction to tantra <dt.>
ISBN 3-9805365-5-6

3. Auflage 1998

Illustrationen: Federzeichnungen: (c) Andy Weber, S. 104 und S. 142 mit freundlicher Genehmigung des Manjushri Institutes, Ulverston, Cumbria, England. Photographien: Lama Thubten Yeshe, S. 2 (c) Dennis Heslop 1983; Tenzin Ösel Rinpoche und Lama Sopa Rinpoche, S. 175 (c) Alnis Grants 1988

Inhalt

Vorwort

Diese Einführung in die von vielen Mißverständnissen getrübte Welt des buddhistischen Tantra wurde aus Vorträgen zusammengestellt, die der unlängst verstorbene tibetische Mönch Thubten Yeshe, von seinen Schülern liebevoll Lama Yeshe genannt, zwischen 1975 und 1983 gehalten hatte.

Seine Biographie wurde schon in *Diamantwasser* (Zero Verlag 1982) vorgestellt, das eine Reihe von Vorträgen aus dem Jahr 1974 enthält, dem Jahr, in dem Lama Yeshe und sein Hauptschüler und Herzenssohn Lama Thubten Zopa Rinpoche zum ersten Mal die Vereinigten Staaten von Nordamerika besuchten. Einige wichtige Stationen seines Lebens seien hier kurz wiederholt: Lama Yeshe wurde 1935 in Tölung in der Nähe von Lhasa in Tibet geboren und besuchte ab dem Alter von sechs Jahren das Kloster Sera-Je, wo er eine umfassende spirituelle und akademische Ausbildung erhielt. Nach der Machtübernahme der Chinesen 1959 schloß er seine Studien im tibetischen Flüchtlingslager Buxaduar im Nordosten von Indien ab und ließ sich schließlich in der Nähe der Boudanath Stupa, bei Kathmandu in Nepal, nieder.

In Nepal fanden die ersten ausführlichen Begegnungen mit Menschen aus dem Westen statt, und 1971 gründeten Lama Yeshe und Zopa Rinpoche das Nepalese Mahayana Centre Gompa (Tempel des Nepalesischen Mahayana Zentrums) auf dem Kopan-Hügel, ein Ort, dessen Meditationskurse jedes Jahr eine große Zahl von Menschen aus dem Westen anziehen. Schüler dieser beiden Lamas gründeten im Laufe der Jahre über sechzig Meditationszentren im Westen, in denen man den Buddhismus studieren und praktizieren kann. Die letzten zehn Jahre seines Lebens verbrachte Lama Yeshe damit, in diesen und anderen Zentren zu lehren, er half bei Aufbau und Organisation und, wohl sein wichtigster Beitrag, inspirierte zahllose Menschen durch seinen unermüdlichen Einsatz im Dienste der anderen. Am 3. März 1984 erlag er im

Cedars-Sinai Krankenhaus in Los Angeles – im Morgengrauen des tibetischen Neujahrsfestes – einem schweren Herzleiden, das sein Leben mehr als zwölf Jahre lang bedroht hatte.

Den ersten Anstoß zu einem solchen Buch gab es schon 1981, als Lama Yeshe sagte, er habe das Gefühl, es müsse ein Buch geben, in dem das buddhistische Tantra auf einfache und unkomplizierte Art und Weise vorgestellt werde. Auch wenn Tantra von den verschiedenen tibetischen Schulen als die tiefgründigste und fortgeschrittenste aller buddhistischen Lehren betrachtet wird, hielt er seine Botschaft für einfach und klar und von höchster Bedeutung für das Leben im zwanzigsten Jahrhundert. Er wies vielfach darauf hin, daß der Westen gelernt habe, viele der natürlichen Ressourcen unserer Erde zu nutzen, aber größtenteils ohne Wissen um die ungemein kraftvollen Energien sei – wirkungsvoller als selbst Kernkraft – die in jedem von uns schlummern. Solange wir diese kraftvolle innere Energie nicht entdecken, bleibt unser Leben Stückwerk und ohne Sinn, und wir werden immer wieder Opfer der geistigen und emotionalen Zwänge, die unser Jahrhundert kennzeichnen. Die Praxis des Tantra, die auf die Entdeckung und größtmögliche Nutzung dieser inneren Ressourcen angelegt ist, bietet uns ausgezeichnete Methoden, diese Zwänge zu überwinden und unser Leben in ein sinnvolles und integriertes Ganzes zu verwandeln, eine Sehnsucht, die uns alle bewegt.

Lama Yeshe zufolge ist die Praxis von Tantra für die Menschen im Westen deshalb so geeignet, weil Tantra „wissenschaftlich" an das Leben herangeht. Mit anderen Worten: Tantra stellt, weit entfernt davon, ein dogmatisches, auf Glauben oder Autorität beruhendes System zu sein, eine praxisbezogene schrittweise Erforschung der Möglichkeiten des Menschen dar, die uns Selbsterkenntnis schenkt und deren Ergebnisse wir anhand eigener Beobachtungen und Erfahrungen nachprüfen können. Die Betonung der unmittelbaren Erfahrung im Tantra übt eine starke Anziehungskraft auf die vielen westlichen Menschen aus, die sich von Wegen, die blinden

Glauben verlangen, voller Enttäuschung abgewandt haben. Überdies ist das Tantra ein Weg der Freude und Bejahung, wie das die folgenden Kapitel mit großer Deutlichkeit klarmachen werden, Elemente, die in vielen heutzutage verarmten Formen einst großer spiritueller Traditionen fehlen.

Im Winter 1982/83 fand in der Nähe von Cecina, Italien, ein Redaktions-Retreat statt, mit dem Ziel, die vielen Tonbandabschriften von Lama Yeshes tantrischen Belehrungen für eine spätere Veröffentlichung durchzuarbeiten. Den Mitarbeitern dieses Retreats lagen hunderte von tantrischen Vorträgen vor, und jede Person konzentrierte sich auf eine Reihe von Vorträgen, die sich auf eine bestimmte tantrische Praxis bezogen. Als Ergebnis ihrer Arbeit und der Arbeit weiterer Editoren wurden einige dieser Tonbandabschriften veröffentlicht und zwar in einer Form, die Stil und Sprache von Lama Yeshe weitgehend bewahrt.

Neben ihrer Arbeit an bestimmten Vortragsreihen versuchten die Editoren die wichtigsten Themen zusammenzustellen, die Lama Yeshe bei der Einführung in die tantrischen Lehren angesprochen hatte. Jede Tonbandabschrift wurde sorgfältig durchgesehen, mit dem Ziel, Art und Weise der Darlegung dieser Themen herauszuarbeiten. Auf diese Weise entstand eine große Sammlung von Texten aus unterschiedlichen Quellen, die sich jeweils locker um ein bestimmtes Thema gruppierten. Dann richteten die Redakteure ihre Aufmerksamkeit auf die Texte, die das Thema Tantra in eher allgemeiner Weise behandelten, und entschieden sich dafür, die ausführlicheren Erklärungen einzelner Übungen gesondert zu veröffentlichen.

Der Herausgeber dieses Buches arbeitete dann an diesen ausgewählten Vorträgen und versuchte, einen zusammenhängenden Text zu erstellen. Die Rohfassung wurde Lama Yeshe im April 1983 in Dharamsala, Indien, vorgelegt, und er korrigierte viele Aussagen, gab zusätzliche Erklärungen und schlug Änderungen vor, die sich auf Stil und Thematik bezogen. In diesem Jahr setzte Lama Yeshe seine tantrischen Belehrungen überall auf der Welt fort, und ausgewählte Passagen dieser Vorträge – v.a. aus seinen Kursen in Pomaia, Italien, und Boulder Creek, Kalifornien, – wurden in den Entwurf aufgenommen. Ich hatte die Hoffnung, Lama Yeshe das überarbeitete Manuskript noch einmal als Ganzes vorlegen zu können, doch war das leider nicht mehr möglich. In der Zeit nach seinem Tod kam die Arbeit an diesem Manuskript viele Monate praktisch zum Erliegen, da es mir äußerst schwer fiel, an Lama Yeshes Worten zu arbeiten und gleichzeitig mit der traurigen, jedoch unabänderlichen Tatsache fertig zu werden, daß ich die geliebte, von Lachen erfüllte Stimme dessen, der sie ausgesprochen hatte, nie wieder hören würde. Schließlich gelang es mir, mit Unterstützung vieler Freunde, den Text in seine gegenwärtige Fassung zu bringen.

Ich kann Ihnen dieses Buch allerdings nicht vorlegen, ohne um Entschuldigung zu bitten bzw. zumindest einige Erklärungen abzugeben. Niemand, der Lama Yeshe je sprechen hörte, würde erwarten, daß man die außergewöhnliche Wirkung, die er auf Menschen hatte, in einem Druckwerk erfassen könnte. Wie bei vielen großen Lehrern war das, was er durch seine Gegenwart vermittelte – eine bestimmte Energie, die seinen Lehren ihre unglaubliche Kraft und Wirkung verlieh –, viel mehr, als seine oft äußerst unorthodoxe und ungrammatische Sprache in Worte faßte. Die hier vorgelegte Auswahl aus seinen mündlichen Belehrungen – mehr oder weniger in korrektem Englisch bzw. Hochdeutsch wiedergegeben – wird den Lesern, die Lama Yeshe kennen, aus diesen Gründen als blasser Widerschein des Originals erscheinen. Außerdem kann dieser Text nicht den Anspruch erheben, Lama Yeshes endgültige Sicht des Tantra darzustellen. Wie es die geschichtliche Überlieferung von den ursprünglichen Lehrreden von Shakyamuni Buddha erzählt, so konnte man auch die Vorträge von Lama Yeshe auf so vielen verschiedenen Ebenen verstehen, wie es Zuhörer gab. Es wäre von daher eine Anmaßung zu glauben, daß irgendeine der möglichen Interpretationen die einzig richtige ist. Alles, was ein Redakteur und Herausgeber wie ich tun kann, besteht darin, den Vorträgen und Tonbandaufzeichnungen aufmerksam zu lauschen, die Abschriften sorgfältig zu lesen und schließlich das, was man innerlich beim Aufnehmen und Vertrautwerden mit den Lehren hört, so klar wie möglich auszudrücken. Es ist wichtig, sich darüber im klaren zu bleiben, daß mit einer anderen Person als Herausgeber ein in Stil und Inhalt völlig anderes Buch entstanden wäre.

Lama Zopa Rimpoche nahm auf diese Fähigkeit von Lama Yeshe, viele Facetten zu zeigen, Bezug und sagte: „Die meisten Lehrer, wie z.B. ich selbst, lehren nur das, was sie selbst wissen und können sich nicht so sehr auf die Bedürfnisse der Menschen einstellen. Wenn Lama hingegen lehrte, stand nichts von vornherein fest; er sprach nicht nur über ein Thema. Unter den Zuhörern befanden sich Menschen mit unterschiedlichen Schwierigkeiten – mit spirituellen, persönlichen und familiären Problemen – und Lama sprach zu allen. Nach einer Stunde Vortrag von Lama hatten alle eine Antwort auf ihre Fragen erhalten. Einige waren anfangs vielleicht nur gekommen, um sich einmal einen tibetischen Lama anzuschauen, andere waren einfach auf der Suche nach Frieden. Wenn Lama seinen Vortrag beendet hatte, konnten alle mit einem glücklichen Geist, mit einer Lösung für ihre Schwierigkeiten, nach Hause gehen."

Bezogen auf das Thema dieses Buches, kann man sagen, daß Lama Yeshe die wunderbare Fähigkeit besaß, in Menschen den Kern von Frieden, Weisheit und Freude zu berühren, den sie zuvor meist nur ganz vage kannten. Seine tiefgründigste Belehrung war folgende: Wir besitzen in uns nicht nur den Schlüssel zu all unseren Schwierigkeiten, sondern auch das Potential, unser Leben auf einer sehr viel höheren Ebene als derzeit denkbar und möglich zu leben. Es verhielt sich nun nicht nur einfach so, daß Lama Yeshe sehr deutlich den Eindruck vermittelte, daß er dieses Potential in sich selbst zur Entfaltung gebracht hatte. Das Beispiel, das er durch seine fortgesetzte selbstlose Hingabe gab, inspirierte sicherlich alle, die ihn kannten – trotz eines kranken Herzens, das eigentlich schon sehr viele Jahre früher zu seinem Tod hätte führen müssen. Was die Menschen auch noch so tief berührte, war seine Fähigkeit, in seinen Zuhörern ein Vertrauen zu erwecken, daß auch sie in ähnlicher Weise unbegrenzte Möglichkeiten in sich tragen, die es zu entdecken und zu entfalten gilt.

In dieser Fassung von Lama Yeshes Einführung in das weite und tiefgründige Thema des Tantra habe ich mich bemüht, möglichst selten technische Begriffe zu verwenden und nur knappe Hinweise auf geschichtliche Bezüge zu geben. Das geschah in Übereinstimmung mit den Wünschen von Lama Yeshe und in der Absicht, den Geschmack dieser Lehren möglichst unmittelbar weiterzugeben. Alle technischen Begriffe – seien sie in deutsch, sanskrit oder tibetisch – werden im Glossar aufgeführt. Alle diejenigen unter Ihnen, die die angeschnittenen Themen vertiefen wollen, seien auf die mit kurzen Anmerkungen versehene Literaturliste im Anhang verwiesen.

Es wäre nicht möglich gewesen, diese Arbeit abzuschließen, wenn nicht sehr viele Menschen ihren Beitrag dazu geleistet hätten; ich möchte ihnen an dieser Stelle meinen Dank aussprechen. Herzlich bedanken möchte ich mich zuerst bei den Mitgliedern des Redaktions-Retreates, in dem das Material für dieses Buch erstmals zusammengestellt wurde: Hermes Brandt, Lee Bray, Robyn Brentano, Stephen Carlier, Sharon Gross und Nick Ribush. In späteren Phasen der redaktionellen Arbeit genoß ich die uneingeschränkte Gastfreundschaft der Aryatara-Familie in Jägerndorf und München, der Familie Philipsen in Dronten, Niederlande, und von Jeff Jukes in London; meine Dankbarkeit für ihre freundliche und liebevolle Unterstützung ist nur schwer in Worte zu fassen. Ein ganz besonderes Dankeschön geht an Yeshe Khadro, deren Ermutigung und Hilfe von unschätzbarem Wert waren. Schließlich möchte ich den Mitarbeitern von Wisdom Publications – insbesondere Robina Courtin, die mir in allen Phasen der Entstehung dieses Buches hilfreich zur Seite stand – meine tiefste Wertschätzung für ihre Geduld ausdrücken, mit der sie monatelang an der Vollendung dieses Textes mitarbeiteten und mich auch bedanken für die ausgezeichnete Präsentation des fertigen Werkes.

Jonathan Landaw
Dronten, Niederlande
März 1987

1 Grundlegende Reinheit

SHAKYAMUNI BUDDHA, DER BEGRÜNDER DES BUDDHISMUS

Die Lehren und Übungen, die wir als das *buddhistische Tantra* kennen, lassen sich zweieinhalb Jahrtausende zurückverfolgen, bis in die Zeit von Shakyamuni Buddha. Der historische Buddha – wir nennen Shakyamuni so, um ihn von den vielen erwachten Wesen vor und nach ihm unterscheiden zu können – wurde im sechsten vorchristlichen Jahrhundert als indischer Prinz mit dem Namen Siddhartha geboren. Der Überlieferung nach verbrachte er die ersten neunundzwanzig Jahre seines Lebens wie ein Gefangener in den Palästen der Freude, die sein überfürsorglicher Vater, König Shuddhodana, für ihn hatte erbauen lassen. Nachdem er dann zum ersten Mal auf Krankheit, Alter und Tod aufmerksam geworden war, flüchtete er aus dem Reich seines Vaters und begab sich auf die Suche nach einem Weg, der allem Leiden und aller Unzufriedenheit ein Ende setzt.

Sechs Jahre lang übte er sich in strenger Askese und strikter Selbstverleugnung und versuchte auf diese Weise, Kontrolle über Körper und Geist zu erlangen. Er kam aber zu dem Schluß, daß dieses extreme Verhalten genauso fehlgeleitet war wie sein vorheriges Schwelgen in Sinnesfreuden. Schließlich gelang es ihm, einen Mittelweg zu finden, der alle Extreme wie Ausschweifung und Selbstverleugnung vermied. So gelang es ihm, selbst die allerfeinsten Ursachen von Leiden und Unwissenheit in seinem Geist zu beseitigen, und er wurde ein Vollerwachter, ein Buddha. In den ihm verbleibenden fünfundvierzig Jahren seines Lebens lehrte er diesen Mittleren Weg, dieses maßvolle Herangehen an das Leben und die spirituelle Entwicklung auf vielerlei Art, so wie es dem Temperament und den Fähigkeiten jedes Menschen entsprach.

Die Lehren des Buddha – im Sanskrit nennt man sie *dharma:* das, was uns vor Leiden und seinen Ursachen schützt oder zurückhält – enthalten Tausende von unterschiedlichen Methoden, mit denen wir die geistigen und körperlichen Hindernisse für unser Glück und Wohlbefinden überwinden können; und alle diese Lehren gehören entweder zum Bereich des *sutra* oder *tantra.* Es gibt Unterschiede zwischen diesen sogenannten Fahrzeugen *(yanas);* die gemeinsame Grundlage für beide, für *sutrayana* und *tantrayana,* ist jedoch die grundsätzlich reine Natur, das im Kern reine Wesen unseres Geistes.

DIE GRUNDLEGENDE REINHEIT DES GEISTES

Den buddhistischen Lehren zufolge ist unser eigentliches Wesen rein und klar, gleichgültig wie verwirrt oder verblendet wir im Augenblick sein mögen. So wie Wolken zwar zeitweilig die lichtspendende Kraft der Sonne verdunkeln, ihr jedoch keinen Schaden zufügen können, so kann auch die zeitweilige Erregung und Aufregung von Körper und Geist – unsere Verwirrung und Angst und das Leiden, zu dem sie führen – das eigentlich klare Wesen unseres Geistes zwar zeitweilig verdunkeln, jedoch nie zerstören; sie können nicht einmal mit ihm in Berührung kommen. Tief in unserem Herzen und im Herzen aller Wesen, ohne jede Ausnahme, gibt es eine unerschöpfliche Quelle von Liebe und Weisheit. Und der letztendliche Sinn und Zweck aller spirituellen Übungen, ob man sie nun buddhistisch nennt oder nicht, liegt darin, dieses grundlegend reine Wesen wahrzunehmen und zum Leben zu erwecken.

Wenn wir die Reinheit, das Mitgefühl und die Liebe entwickelt haben, die jetzt schon in uns wohnen, sind wir auch in der Lage, Reinheit und liebevolle Güte in anderen zu entdecken. Haben wir jedoch keinen Kontakt mit diesen Eigenschaften in uns, sehen wir alles als häßlich und begrenzt. Denn alles, was wir Tag für Tag in der äußeren Wirklichkeit sehen, ist in der Tat nichts anderes als eine Projektion unserer inneren Wirklichkeit.

Das Vorhandensein dieses tiefgründigen, im Kern reinen Wesens unseres Geistes ist keine Frage von Glauben oder dem blinden Annehmen eines Dogmas. Es ist eine Frage der Erfahrung. Zahllose Menschen haben im Verlauf der Geschichte diesen großen Schatz an Frieden, Liebe und Weisheit in sich entdeckt. Und zahllose große Lehrer und Meister haben ihren Mitmenschen mit großem Geschick gezeigt, wie auch sie ihr tiefstes Wesen entdecken und das unübertreffliche Glück erfahren können, das diese Entdeckung natürlicherweise mit sich bringt. Einer dieser außergewöhnlichen geistigen Meister ist Shakyamuni Buddha, und Sinn und Zweck aller seiner Lehren und Methoden besteht darin, uns zur vollständigen Entfaltung der uns Menschen innewohnenden Fähigkeiten hinzuführen.

In Begriffen des Buddhismus ausgedrückt, ist das höchste Ziel unserer individuellen menschlichen Entwicklung die Erleuchtung oder Buddhaschaft. Das ist ein Zustand, den alle Wesen erlangen können. Er ist dann erreicht, wenn alle Verblendungen wie Gier, Haß, Unwissenheit und dergleichen, die derzeitig unseren Geist verdunkeln, vollständig beseitigt und alle unsere positiven Eigenschaften völlig entfaltet sind. Dieser Zustand des Erfülltseins oder des völligen Erwachens zeichnet sich durch Weisheit, Mitgefühl und Geschick bzw. Kraft ohne Grenzen aus.

DER TANTRISCHE WEG

Dem Sutrayana zufolge besteht der Weg zur Vollendung in einem langsamen Vorgang, in dem wir unseren Geist nach und nach von allen seinen Fehlern und Begrenzungen reinigen und stattdessen hilfreiche Eigenschaften wie Liebe und

Weisheit entwickeln. Auf diesem Stufenweg schaffen wir bestimmte Ursachen – wir verhalten uns ethisch, wir entwickeln unsere Kraft der Sammlung, wir üben Einsicht und dergleichen –, die uns zum völligen Erwachen hinführen. Da dieser Stufenweg des Sutra das Schaffen von Ursachen für ein zukünftiges Ergebnis sehr betont, wird er oft das *Ursachen*fahrzeug zur Erleuchtung genannt.

Wenn wir das Tantrayana mit diesem Stufenweg des Sutra vergleichen, so führt es uns sehr viel schneller zur Erleuchtung. Obgleich auch tantrische Praktizierende nicht darauf verzichten können, die gleichen Ursachen zu schaffen wie die Schüler des Sutra, so nehmen sie doch das zukünftige Ergebnis der geistigen Entwicklung – die Erleuchtung – als Einstieg zu ihrem Weg. Anders ausgedrückt lernen der tantrische *yogi* oder die tantrische *yogini* – so heißen diese äußerst geschickten Übenden im Sanskrit – *jetzt* so zu denken, zu sprechen und zu handeln, als ob er oder sie schon völlig erleuchtete Buddhas wären. Weil dieser kraftvolle Ansatz das zukünftige Ergebnis in den gegenwärtigen Augenblick der geistigen Übung hineinbringt, wird Tantra manchmal das *Ergebnis*fahrzeug zur Erleuchtung genannt.

Im Tantra ist Vollendung oder Vollkommenheit nicht etwas, das irgendwo in der Zukunft auf uns wartet, „wenn ich jetzt fleißig übe, dann werde ich vielleicht zu einem vollkommenen Buddha," oder „wenn ich mich in diesem Leben gut benehme und mich wie ein religiöser Mensch verhalte, komme ich vielleicht irgendwann einmal in den Himmel". Dem Tantra zufolge gibt es den Himmel *jetzt!* Jetzt schon können wir Götter und Göttinnen sein. Im Augenblick lassen wir uns jedoch von begrenzten Vorstellungen niederdrücken, „Männer sind so! Frauen sind so! So bin ich eben, da kann man nichts machen!" und so weiter. Deshalb liegen wir im Streit mit uns selbst und mit anderen. Alle diese Streitereien lösen sich auf, wenn wir uns in der tantrischen Sichtweise üben und erkennen, daß jeder Mann und jede Frau vollkommene Wesen sind. Überdies besitzen beide Geschlechter männliche und weibliche Energie. In der Tat sind wir alle eine Vereinigung *aller* universellen Energie. Alles, was wir zur Vollständigkeit brauchen, ist jetzt, in diesem Augenblick, in uns vorhanden. Es geht darum, das zu erkennen. Das ist der Ansatz des Tantra.

DAS PRINZIP DER UMWANDLUNG

Allgemein gesprochen beinhalten alle die vielen unterschiedlichen Übungen des Tantra das Prinzip der Umwandlung. Wie die modernen Naturwissenschaften aufgezeigt haben, befindet sich das körperliche Universum mit seiner Vielzahl von Phänomenen – vom kleinsten subatomaren Teilchen bis hin zur größten Galaxie – in einem unaufhörlichen Zustand der Umwandlung und Entwicklung von einer Form der Energie in eine andere. Unser Körper und unser Geist sind ebenfalls Energie, und ob wir gesund oder krank, geistig ausgeglichen oder in Aufruhr sind, hängt davon ab, ob unsere geistigen und körperlichen Energien im Gleichgewicht sind oder nicht. Durch eine angemessene Praxis von Tantra werden alle unsere Energien, einschließlich der feinen, aber kraftvollen Energien, deren wir uns für gewöhnlich nicht bewußt sind, für die größte aller Umwandlungen genutzt. Diese besteht in der Entwicklung von einem gewöhnlichen, begrenzten und verblendeten Menschen, fest gefangen in der Falle eines kleinlichen Ego, hin zu einem voll entfalteten, völlig bewußten Wesen mit Mitgefühl und Einsicht ohne Grenzen.

Wie können wir eine solch außergewöhnliche Umwandlung bewerkstelligen? Wo finden wir die nötigen Voraussetzungen für eine derartig tiefgreifende Veränderung? Dafür brauchen wir nicht weit zu gehen. Wir müssen diese Kraft nicht aus dem Kern eines Atoms gewinnen und auf der Suche danach auch nicht mit einem Raumschiff zu einem weit entfernten Stern fliegen. Die grundlegende Energie, die diesen tiefgreifenden Vorgang der tantrischen Umwandlung herbeiführt, liegt in unseren eigenen Wünschen, unserem Verlangen verborgen.

Shakyamuni Buddha

2 *Verlangen und Glück*

VERLANGEN, ENTTÄUSCHUNG UND SELBSTKONTROLLE

Wir leben in einer Welt von Verlangen. Vom Augenblick unseres Erwachens am Morgen bis zu der Minute, in der wir abends einschlafen – und selbst in unseren Träumen – stehen wir unter dem Antrieb von Verlangen, werden wir von Verlangen getrieben. Alle unsere Sinne hungern nach ihrer jeweiligen Nahrung. Unser Auge verlangt danach, anziehende Formen und Farben zu sehen; unser Ohr möchte angenehme Klänge hören; unsere Nase sucht ganz zielstrebig nach angenehmen Düften und wendet sich voller Abscheu von Gerüchen ab, die ihr mißfallen; unsere Zunge sucht immer wieder nach einem neuen, aufregenden Geschmack, und unser Tastsinn verlangt ständig nach Berührungen aller Art. Dieses Verlangen nach sinnlichen Anregungen ist so tief in uns verwurzelt, daß wir anfangen, Sinneseindrücke zu halluzinieren, wenn wir lange genug isoliert von Formen, Klängen, Düften usw. leben.

Unser Verlangen beschränkt sich nicht auf Dinge, die wir sehen, hören, riechen, schmecken und berühren können. Unser Geist eilt genauso gierig hinter Vorstellungen her, wie unsere Zunge nach Geschmack verlangt. Wir suchen mit der gleichen Heftigkeit nach Abstraktionen wie Wissen, Sicherheit, Anerkennung und Zufriedenheit als seien sie Dinge, die man in der Hand halten oder mit den Augen sehen kann. Wir sind so sehr von Verlangen durchdrungen, daß wir uns fragen, ob es irgendeine Handlung gibt, die nicht davon motiviert wäre. Gleichgültig in welchem Bereich wir uns betätigen, sei es in Geschäften, im Sport oder im spirituellen Bereich, es ist Verlangen, was uns zum Erfolg drängt. Verlangen ist in diesem Sinne ein integraler Bestandteil unseres Lebens, und die meisten Menschen würden ein Leben ohne Verlangen als Tod bei lebendigem Leib ansehen.

Hinter all unserem Verlangen steht der Wunsch, glücklich zu sein. In dieser Hinsicht sind wir alle gleich, denn alle sehnen wir uns nach Glück – auch wenn wir es unterschiedlich definieren –, und niemand von uns wünscht sich auch nur das geringste Leiden oder die kleinste Enttäuschung. Wenn wir uns genau überprüfen, können wir feststellen, daß alle unsere Handlungen entweder vom Verlangen, Angenehmes zu erfahren, oder vom Wunsch, Unangenehmes zu vermeiden, motiviert sind.

Trotz all dieser Wünsche nach Glück im Leben sind wir erfüllt von Leid und Unzufriedenheit. Unsere Lieblingsvase, die wir für teures Geld erstanden haben, zerbricht, geht verloren oder schenkt uns einfach keine Freude mehr. Unser liebevoller Ehemann oder unsere liebevolle Ehefrau werden zum schlimmsten Feind, sie sterben oder verlassen uns. Die Arbeit, nach der wir uns so gesehnt haben, verwandelt sich in eine schwere Last, die all unsere Zeit und Energie auffrißt. Unser guter Ruf wird in den Schmutz gezogen, unsere glatte Haut zeigt Falten, und unsere Intelligenz läßt nach. Auf diese Weise zerrinnt uns das ersehnte Glück unter den Händen. Manchmal scheint es, als ob es uns immer schlechter erginge, je mehr wir versuchen, glücklich zu sein. Von diesem Standpunkt aus gesehen, scheint das Leben eine sinnlose Tretmühle zu sein: Wir streben nach Glück und drehen uns dabei nur im Kreis, bis wir völlig enttäuscht und erschöpft sind.

Viele Philosophen und geistige Lehrer haben diesen Kreislauf ständiger Enttäuschungen beschrieben und Ratschläge erteilt, wie wir uns davon befreien oder zumindest damit leben können. Shakyamuni Buddha hat diesen Zusammenhang wiederholter Unzufriedenheit *samsara* genannt – ein Begriff aus dem Sanskrit, der Kreis bedeutet –, und er hat viele Methoden gelehrt, wie wir uns daraus befreien können. In seiner bekanntesten Belehrung wird die Wurzel aller unserer Schwierigkeiten und Enttäuschungen als Verlangen beschrieben, das aus Unwissenheit entsteht. Befreiung oder *nirvana* erlangen wir, wenn wir alles begehrliche Verlangen im Herzen mit der Wurzel herausreißen.

Weil unsere Augen, Ohren, unsere Nase usw. die Tore von Verlangen sind, werden diejenigen, die nach Befreiung streben und diesen Kreislauf des Leidens beenden wollen, ermutigt, den fünf körperlichen Sinnen kein Vertrauen zu schenken. Man soll sie als etwas erkennen, das einen unheilsamen Einfluß auf den Geist ausübt und das mit äußerster Vorsicht zu genießen ist. Das Verhalten einer Person, die dem Pfad zur individuellen Befreiung folgt, ist aus diesen Gründen von äußerster Selbstkontrolle gekennzeichnet. Der Praktizierende wacht streng über die Tore seiner Sinne und begegnet allem, was da eintreten will, mit äußerstem Mißtrauen. Wenn ein angenehmes Sehobjekt auftaucht – wie z.B. ein anziehender Mann oder eine hübsche Frau–, dann wird dem Praktizierenden geraten, aufmerksam die möglichen Gefahren einer Bezauberung zu betrachten. Wenn wir dieser Art von Übung folgen, dann bekämpfen wir unsere Neigung, blind den Gegenständen von Verlangen hinterher zu laufen, was nur zu Leid und Enttäuschung führt. Wir lernen auf die Seiten des Objektes zu achten, die unser Verlangen vermindern. Wir können z.B. unsere Sehnsucht nach einer anziehenden Person dadurch verringern, daß wir unsere Aufmerksamkeit auf die unreinen Teile seines oder ihres Körpers richten. Mit dieser Übung versuchen wir, unseren Geist vor der Aufregung durch Verlangen zu bewahren, und das Ergebnis davon sind eine Ruhe und ein Frieden, die durch das Auf und Ab unseres Lebens nicht gestört werden können.

Wenn wir diesen von Vorsicht gekennzeichneten Ansatz eines geistigen Weges mit einem System wie dem Tantra vergleichen, das die Energie des Verlangens unmittelbar nutzt, dann wird er als unterlegen angesehen. Das heißt nun aber nicht, daß ein solcher Ansatz keinen Wert besäße. Es ist ganz im Gegenteil von ungeheurer Bedeutung zu begreifen, wann es angemessen ist, unsere Aufmerksamkeit von einem Gegenstand, der uns in Aufregung versetzt, abzuwenden. Wenn allerdings die einzige Art und Weise, wie wir mit

Objekten von Verlangen umgehen, ihre Vermeidung ist, sind unseren geistigen Übungen und unserer inneren Entwicklung enge Grenzen gesetzt.

Der Ansatz des Tantra ist ein ganz anderer. Statt Freude und Verlangen als etwas anzusehen, das wir um jeden Preis vermeiden sollten, betrachtet das Tantra die kraftvollen, durch Verlangen erweckten Energien als unerläßliche Ressourcen und Mittel auf dem geistigen Weg. Da unser Ziel nichts Geringeres ist als die umfassende Entfaltung aller menschlichen Fähigkeiten, versucht das Tantra, alle Erfahrungen zu verwandeln – gleichgültig, wie wenig religiös sie erscheinen mögen – und auf dem Weg zur Ganzheit zu nutzen. Gerade weil unser gegenwärtiges Leben so untrennbar mit Verlangen verbunden ist, müssen wir die ungeheure Energie dieses Verlangens nutzen, wenn wir unser Leben in eine Erfahrung von Transzendenz verwandeln wollen.

Die Logik von Tantra ist daher ganz einfach zu formulieren: unsere Erfahrungen gewöhnlicher Freude können als Mittel genutzt werden, um die Erfahrung von Ganzheit oder Erleuchtung zu machen. Es ist einsichtig, daß Eigenschaften, die wir schulen, zu etwas Ähnlichem führen und nicht zu ihrem Gegenteil werden. Das gilt für positive und negative Aspekte des Geistes. So wie sich Unzufriedenheit niemals in Zufriedenheit verwandelt, so führt Elend nicht zu Glück. Dem Tantra zufolge haben wir keinerlei Aussicht, unser Ziel, allumfassendes, vollständiges Glück, zu erlangen, wenn wir uns gezielt immer tiefer ins Unglück stürzen. Das ist das genaue Gegenteil von dem, was wirklich geschieht. Nur wenn wir die kleinen Erfahrungen von Ruhe und Zufriedenheit, die wir jetzt schon machen, stärken, können wir unsere höchsten Ziele, Ruhe und Frieden, tatsächlich erlangen. In gleicher Weise können wir nur durch den geschickten Umgang mit unseren Energien von Verlangen und durch zunehmende Vertrautheit mit dem, was wir Freude nennen, die Seligkeit und das Glück vollständiger Erleuchtung erlangen.

RELIGION UND DIE ABLEHNUNG VON FREUDE

Es scheint ein großer Widerspruch zwischen der Erfahrung von Freude und dem Begehen eines spirituellen oder religiösen Weges zu bestehen. Für viele Menschen bedeutet Religion nicht mehr als das Leugnen oder die Ablehnung der freudvollen Seiten des Lebens. Religion wird als etwas betrachtet, was „nein" sagt zu Verlangen, „nein" zu Spontaneität und „nein" zur Freiheit des persönlichen Ausdrucks. Es ist von daher nicht verwunderlich, wenn die organisierte Religion in so schlechtem Ansehen steht. Statt daß sie uns Methoden schenkt, mit denen wir unsere engen Grenzen überschreiten können, wird sie für uns zur schlimmsten Form von Unterdrückung, zu einer weiteren Form von Aberglauben, den es zu überwinden gilt, wenn wir frei werden wollen. Unglücklicherweise rechtfertigt die Art und Weise, in der viele Gesellschaften Religion als Mittel zur politischen Unterdrückung und Kontrolle gebraucht haben und gebrauchen, dieses harte Urteil.

Die Ansicht, Religion sei etwas, was uns unterdrückt und unserem grundlegenden Wesen Beschränkungen auferlegt, wird nicht nur von denen vertreten, die sie in Frage stellen, sondern auch von vielen Menschen, die eine Religion ausüben. Es gibt viele, die glauben, ihre einfache Menschlichkeit verleugnen zu müssen, wenn sie einer geistigen Disziplin in angemessener Weise folgen wollen. Sie sind so voller Mißtrauen gegenüber Freude, daß sie glauben, sich schlecht zu fühlen sei etwas Wertvolles: „Ich bin ein religiöser Mensch, also sollte ich mich nicht freuen." Obgleich ihr Ziel darin besteht, ewigen Frieden und ewiges Glück zu erlangen, verbieten sie sich die alltäglichen Freuden aus Prinzip. Sie sehen Freude als Hindernis oder Störfaktor für ihre geistige Entwicklung und fühlen sich beim kleinsten bißchen Freude unwohl. Nicht einmal ein Stück Schokolade können sie zu sich nehmen, ohne sich sündhaft und gierig zu fühlen! Statt eine solche Erfahrung als das zu nehmen und zu genießen, was sie ist, verfangen sie sich in Schuldgefühlen und Selbstvorwürfen, „so viele Menschen auf der Welt hungern und leben im Elend. Wie kann ich es da wagen, mich solchen Schwelgereien hinzugeben!"

Alle diese Einstellungen sind völlig verkehrt. Es gibt überhaupt keinen Grund für Schuldgefühle, wenn wir Freude erfahren; das wäre genauso falsch wie das Festhalten an vergänglichen Freuden und die Erwartung, sie könnten uns letztendliche Zufriedenheit schenken. Das ist einfach eine weitere Form des Festhaltens, eine weitere Art und Weise, uns in das Gefängnis einengender Vorstellungen zu begeben, die unser Verständnis dessen, wer wir sind und sein können, beschränken. Schuldgefühle dieser Art sind pervertierte Spiritualität, sie drücken keine echte religiöse Haltung aus. Würden sie zu echter Zufriedenheit mit unseren Umständen führen – und wären wir dann gleichermaßen glücklich und ruhig unter guten wie schlechten Bedingungen – dann könnte man der Praxis der Selbstverleugnung vielleicht einen gewissen Wert beimessen. Wir könnten sie dazu nutzen, unseren Sinn für Unabhängigkeit zu stärken oder zu verstehen, was in unserem Leben echte Bedeutung besitzt. Es geschieht jedoch sehr selten, daß wir uns irgend etwas mit einer korrekten Begründung vorenthalten. Wir zwingen uns in schlechte Bedingungen, weil wir glauben, daß es irgendwie lohnend sei, sich schlecht zu fühlen. Es lohnt sich jedoch nicht. Wenn wir uns dem Leiden hingeben, dann erfahren wir in der Folge nur noch mehr Leiden. Wenn wir andererseits lernen, Glück und Freude zu erfahren, ohne sie mit begehrlichem Verlangen oder Schuldgefühlen zu beflecken, kann diese Erfahrung immer tiefer werden, und schließlich können wir das unermeßliche, unvorstellbare Glück der Entfaltung all unserer Fähigkeiten als Menschen erfahren.

Wenn dieser ängstliche, uns einengende Ansatz, den ich eben in Frage gestellt habe, verkehrt ist, was ist dann ein geschicktes Herangehen, wenn jemand sein oder ihr höchstes Potential verwirklichen möchte? In einfachen Worten geht es darum, den Geist fortwährend in einem Zustand von Glück und Frieden ruhen zu lassen. Statt eingefahrenen Mustern von Verlangen, Unzufriedenheit, Verwirrung, Leiden und Schuldgefühlen zu folgen, sollten wir zur Verfeinerung unseres Geistes unser Verständnis erweitern, unsere geistigen und körperlichen Energien mehr und mehr meistern, immer intensivere Erfahrungen von Glück und Freude machen und auf diese Weise immer besser leben. Solch ein Herangehen ergibt mehr Sinn als der Versuch, unsere Alltagserfahrungen zurückzuweisen. Darin besteht die Logik des Tantra.

BUDDHA UND DER WEG DER FREUDE

Gewisse Begebenheiten im Leben von Shakyamuni Buddha zeigen sehr deutlich, daß ein Herangehen, das Gegenstände von Verlangen sinnvoll nutzt, einem Ansatz überlegen ist, der mit Selbstverleugnung arbeitet und diese Objekte verbietet. Als er im Alter von neunundzwanzig Jahren sein einsames und schwelgerisches Leben aufgab und gerade am Anfang seiner Suche nach dem Ende des Leides stand, nahm Buddha – damals einfach der Bodhisattva Siddhartha – eine Disziplin äußerster Selbstkasteiung auf sich. So wie es auch heute noch viele Menschen in Indien tun, versuchte er, die Ursachen von Leid und Unzufriedenheit dadurch mit der Wurzel zu beseitigen, daß er seine körperlichen Sinne zur Unterwerfung zwang. Er gestattete sich weder Speise noch andere Annehmlichkeiten, so daß er schließlich aus kaum mehr als Haut und Knochen bestand. Nach sechs Jahren derartiger Selbstkasteiung erkannte er, daß dieser Ansatz keine Aussicht auf Erfolg hatte. Statt ihn seinem Ziel der Transzendierung näher zu bringen, schwächte ihn diese Übung so sehr, daß er weder richtig denken noch meditieren konnte.

An diesem Punkt beschloß er, diesen rigiden Ansatz aufzugeben und einem Pfad zu folgen, der seiner geistigen Entwicklung zuträglicher war. Die Überlieferung berichtet, daß er sein langes Fasten mit einem Mahl von Milchreis brach, das ihm eine Frau mit Namen Sujata anbot. Die Wirkung dieser Speise auf seinen Körper und Geist war ganz außergewöhnlich; er fühlte sich voller Stärke, Klarheit und Seligkeit. Diese plötzliche Wiederbelebung seiner körperlichen und geistigen Kräfte ließ nicht nur seine Entschlossenheit anwachsen, sondern befähigte ihn auch, sein Ziel, die volle Erleuchtung, zu erlangen. Die Tatsache, daß er dann nach nur einer Nacht Meditation unter dem Baum der Erleuchtung vollständige Befreiung erlangte, zeigt deutlich, daß es an der Zeit war, seine vorherigen asketischen Übungen aufzugeben. Vom Standpunkt des Tantra aus gesehen zeigen diese Begebenheiten, daß der Pfad, der Freude und Verlangen nutzt, tiefgreifender und wirkungsvoller ist als der Pfad strenger Selbstverleugnung.

Einige Zeit später, als der Buddha als hochverwirklichter Lehrer bekannt war, fähig, die unterschiedlichsten Schüler zur Erfüllung zu führen, bat ein König um einen geistigen Weg für eine Person mit wichtigen sozialen Verpflichtungen. „Als König bin ich für meine Untertanen verantwortlich," erklärte er, „und es wäre nicht recht, sie zu vernachlässigen. Ich kann nicht so handeln, wie Ihr es getan habt: alles weggeben, in den Dschungel gehen und ein asketisches Leben führen. Ich brauche einen Weg, auf dem ich mein Leben als König als Weg zur geistigen Erfüllung nutzen kann. Wenn ihr also eine Methode kennt, wie ich meine alltäglichen Handlungen als König in einen geistigen Weg umwandeln kann, dann lehrt mich diesen Weg." Der Buddha antwortete ihm, daß er in der Tat eine solche Methode besitze, die Praxis des Tantra. „Mit dieser Methode kannst du weiterhin deinen Verpflichtungen nachkommen", erläuterte er, „und brauchst auch auf keine deiner königlichen Freuden zu verzichten". Er sagte dem König, daß er in der Tat soviel wie möglich genießen und dabei doch Fortschritte auf dem Weg zur Erleuchtung machen könne.

Die Belehrung, die der Buddha dem König gab, war das Kalachakra Tantra (Das Rad der Zeit), und die Übertragungslinie dieser und vieler weiterer tantrischer Belehrungen gibt es heute noch, und sie sind heute noch genauso wirkungsvoll wie damals. Zahllose indische und tibetische Menschen haben durch die Praxis dieser Methoden Erleuchtung erlangt, und es gibt überhaupt keinen Grund, warum Menschen aus dem Westen nicht in gleicher Weise daraus Nutzen ziehen können.

DIE PRAXIS HEUTE

Tantra entspricht der westlichen Mentalität in hohem Maße; es ist der schnellste Weg, und westliche Menschen lieben schnelle Ergebnisse. Darüber hinaus ist der Weg des Tantra vor allen Dingen ein Weg der Umwandlung, und dieses Prinzip der Umwandlung von Energien versteht man im Westen – zumindest auf der materiellen Ebene – sehr gut. Und schließlich ist die große Explosion begehrlicher Energien, für gewöhnlich von den meisten geistigen Wegen als Hindernis betrachtet, in der Praxis des Tantra eine große Hilfe, da Verlangen der Brennstoff ist, der uns zu unserer höchsten Bestimmung hinführt. Vielleicht kann uns nur ein Pfad wie das Tantra, mit seiner Betonung auf unmittelbarer Erfahrung statt blindem Annehmen, aus unseren selbstzerstörerischen Mustern herausreißen, und uns die Gelegenheit geben, unsere höchste Erfüllung zu erlangen.

Wenn wir wirklichen Nutzen aus diesem Pfad ziehen wollen, müssen wir uns über einige Punkte Klarheit verschaffen. Erstens muß unsere Motivation für die Praxis des Tantra so rein wie möglich sein. Wir werden auf diesen Punkt in einem späteren Kapitel (siehe Kapitel sechs) noch sehr ausführlich zu sprechen kommen; es genügt für den Augenblick, darauf hinzuweisen, daß wir überhaupt keine Aussichten auf Erfolg bzw. den unermeßlichen Nutzen von Tantra haben, wenn unsere Motivation nur um unser eigenes Wohlbefinden kreist. Die einzige Person, für die die Praxis des Tantra funktioniert, ist die, deren Hauptsorge das Wohl von anderen ist, und die den tantrischen Weg als den schnellsten und kraftvollsten erkennt, mit dem sie ihr altruistisches Ziel erreichen kann.

Zum zweiten brauchen wir Geduld und Selbstdisziplin, wenn wir uns in angemessener Weise mit diesen Übungen befassen wollen. Wenn wir, wie das viele Menschen tun, denken: „Da ja Tantra der höchste Pfad ist, brauche ich mich um die vorbereitenden Übungen nicht zu kümmern", und uns dann auf die fortgeschrittensten Lehren stürzen, so ist das gleichermaßen dumm wie arrogant. Überdies ist es auch noch gefährlich. Jeder, der in dieser Weise Ungeduld und eine unrealistische Haltung an den Tag legt, zeigt, daß er völlig ungeeignet für die Lehren des Tantra ist.

Und schließlich ist es sehr wichtig, zwischen der Essenz des Tantra und seinen kulturellen Formen zu unterscheiden, in denen es uns zum gegenwärtigen Zeitpunkt begegnet. Ich meine damit, daß es keinen Sinn hat, wenn ein westlicher Mensch so auftritt und handelt, als ob er aus Tibet oder dem Orient sei. Wenn wir lernen, Gebete in einer fremden Sprache herzusagen, so ist das nicht der Weg, unser höchstes menschliches Potential zu entfalten; es steckt kein transzendierender Wert darin, eine Reihe von kulturellen Konventionen gegen eine andere auszutauschen. Menschen, deren Praxis auf dieser oberflächlichen Ebene bleibt, sitzen am Ende völlig verwirrt da, und sie wissen nicht mehr, wer sie sind oder was sie tun. Natürlich kann man in dieser Übergangszeit, in der die tantrischen Lehren vom Osten in den Westen gelangen, eine Menge lernen, wenn man sich mit der tibetischen Sprache und dergleichen befaßt. Mir geht es vor allem darum, daß wir begreifen, daß Tantra tiefer geht als Sprache und Brauchtum. Was Tantra uns lehren will, ist das Freiwerden von allen Konditionierungen und Prägungen, die unser Verständnis von dem, wer wir sind und sein können, beschränken. Wenn wir uns diesen Lehren mit klarblickender Intelligenz und der festen Entschlossenheit, ihre Essenz zu entdecken, nähern, können wir mit Bestimmtheit in diesem Leben die von uns allen ersehnte Ganzheit und Zufriedenheit verwirklichen.

Vierarmiger Chenresig

3 *Freude, Enttäuschung und Erfülltsein*

TANTRA UND FREUDE

Sinn und Zweck von Tantra besteht darin, alle Freuden in eine transzendentale Erfahrung von tiefem, durchdringendem Gewahrsein zu verwandeln. Statt die Abwendung von allen weltlichen Freuden anzupreisen, wie das viele andere Traditionen tun, betont das Tantra, daß es für Menschen viel wirksamer ist, wenn sie Freude erfahren und die Energie ihrer Freude in einen schnellen und kraftvollen Weg zur Erfüllung und Erleuchtung einmünden lassen. Das ist die geschickteste Art und Weise, unser kostbares menschliches Potential zu nutzen.

Durch seine Methoden der tiefgreifenden Umwandlung zeigt uns das Tantra, daß wir Menschen die Fähigkeit besitzen, unbegrenzte, beseligende Freude zu erfahren und gleichzeitig frei von allen Verblendungen bleiben zu können, die für gewöhnlich unsere Freuden begleiten. Ganz im Gegensatz zu dem, was manche Menschen meinen, gibt es nichts Verkehrtes an der Erfahrung von Vergnügen und Freude. Verkehrt ist unsere verwirrte Art und Weise, wie wir an dieser Freude festhalten und sie dadurch von einer Quelle von Glück in die Ursache von Schmerz und Unzufriedenheit verwandeln. Verlangen, Festhalten und Anhaften sind das Problem und nicht die Freude selbst. Wären wir in der Lage, uns von diesem gewohnheitsmäßigen Festhalten zu befreien, könnten wir uns freuen, soviel wir wollen, ohne irgendeine der Schwierigkeiten zu erleben, die unsere gewöhnliche, zwanghafte Suche nach Freude üblicherweise begleiten. Mit einem angemessenen Verständnis von Umwandlung kann uns alles, was wir vierundzwanzig Stunden am Tag tun, unserem

Ziel der Ganzheit und Selbsterfüllung näherbringen. Wir können alle unsere Handlungen – Gehen, Essen, ja sogar Austreten – in unseren geistigen Weg mit einbeziehen. Wir können sogar unseren Schlaf, den wir für gewöhnlich im Dunkel der Unbewußtheit oder im Chaos der Träume verbringen, in die Erfahrung des Klaren Lichtes feiner, durchdringender Weisheit verwandeln.

Vielleicht hört sich das alles unmöglich und unwahrscheinlich an. Sicherlich betonen andere, mehr graduelle spirituelle Ansätze, einschließlich des Sutra-Weges des Buddhismus selbst, daß Verlangen, Eifersucht und andere Verblendungen, die unser alltägliches Leben bestimmen, stets unrein sind, und wir sie als Gift ansehen sollten. Wir werden ständig an ihre gefährlichen Auswirkungen erinnert und darüber belehrt, wie wir uns ihrem Einfluß so weit wie möglich entziehen können. Aber wie schon gesagt, geht das Tantra hier von einem anderen Ansatz aus. Obgleich es auch darauf besteht, daß Verblendungen wie begehrliches Anhaften die Quelle von Unzufriedenheit und Leid sind und daher überwunden werden müssen, lehrt es uns Wege, wie wir die Energie der Verblendungen nutzen können, um unser Gewahrsein zu schärfen und unseren geistigen Fortschritt zu beschleunigen. So wie manche Menschen mit Geschick giftige Pflanzen nehmen und sie in kraftvolle Medizin umwandeln können, so kann auch der geschickte und geübte Praktizierende des Tantra die Energie von Verlangen und Haß sinnvoll nutzen. Das ist möglich!

BILDER DER GANZHEIT

Tantra lehrt uns nicht nur, wie wir unsere gewöhnlichen freudvollen Erfahrungen sinnvoll nutzen, sondern auch, wie wir eine tiefergehende, intensivere und letztendlich mehr zufriedenstellende Erfahrung von Freude und Seligkeit machen können, als es uns für gewöhnlich mit unseren körperlichen Sinnen möglich ist.

Im Augenblick ist unsere Suche nach Glück gewohnheitsmäßig auf äußere Objekte unseres Verlangens ausgerichtet. Wenn wir diese Gegenstände nicht finden oder nicht daran festhalten können, sind wir enttäuscht und unglücklich. Viele von uns halten z.B. Ausschau nach dem Mann oder der Frau ihrer Träume, nach einer Person, die eine Quelle von unbegrenztem Glück für uns ist. Aber gleichgültig, wieviele Freunde oder Freundinnen wir sammeln, diese Träume erfüllen sich nie.

Was wir nicht begreifen, ist die Tatsache, daß es in jedem von uns eine unbegrenzte Quelle von weiblicher und männlicher Energie gibt. Viele unserer Probleme rühren daher, daß wir das, was wir in uns tragen, entweder nicht kennen oder unterdrücken. Männer versuchen ihre weibliche Seite zu verbergen, und Frauen haben Angst davor, ihre männliche Energie auszudrücken. Als Ergebnis davon fühlen wir uns immer von etwas, was wir brauchen, abgeschnitten. Wir fühlen uns nicht ganz und wenden uns voller Erwartung anderen Menschen mit uns fehlenden Eigenschaften zu, in der Hoffnung, dadurch ein Gefühl von Vollständigkeit zu erlangen. In der Folge ist unser Verhalten mit viel Unsicherheit und Besitzdenken durchsetzt. In der Tat können wir alle Probleme in der Welt, angefangen bei der Angst eines Menschen bis hin zum Krieg zwischen Nationen, auf dieses mangelnde Gefühl von Ganzheit zurückführen.

Wenn nötig können Yogis und Yoginis Jahre in völliger Einsamkeit verbringen, ohne sich einsam zu fühlen. Wir jedoch fühlen uns vielleicht schon unerträglich einsam, wenn wir uns nur einen Tag von unserem Freund oder unserer Freundin trennen müssen! Warum besteht ein so großer Unterschied zwischen uns und den Yogis? Das hat etwas mit unseren inneren, männlichen und weiblichen Energien zu tun. Solange sie zersplittert und nicht im Gleichgewicht sind, verlangen wir voller Verzweiflung nach der Gesellschaft von anderen und sind nie zufrieden. Wäre unser inneres, männlich-weibliches Mandala vollständig, würden wir Alleinsein nie als Leiden erfahren.

Tantra gibt uns wirkungsvolle Methoden an die Hand, mit deren Hilfe wir in Kontakt mit unserer Ganzheit treten können. Die tantrische Kunst enthält zahllose kraftvolle Symbole von Einheit und Vollständigkeit, die für unser entfaltetes Potential stehen. Die Bilder von männlichen und weiblichen Gottheiten in sexueller Umarmung – die von einigen frühen Interpreten des Buddhismus als Zeichen seines Verfalls angesehen wurden – sind eine symbolische Darstellung der Vereinigung von männlicher und weiblicher Energie in uns. Auf einer noch tieferen Ebene steht ihre Vereinigung für das höchste Ziel tantrischer Übungen: die Erzeugung eines äußerst feinen und beseligenden Bewußtseins, das schon von seinem Wesen her aufs beste geeignet ist, die letztendliche Wirklichkeit zu erkennen, und uns so von allen Verblendungen und von allem Leiden befreien kann. Auf dieser Ebene steht die männliche Gottheit für die Erfahrung großer Seligkeit und die weibliche Gottheit für nichtdualistische, für ungeschiedene Weisheit. Ihre Vereinigung hat somit überhaupt nichts mit einer Befriedigung der Sinne zu tun, sondern weist viel eher auf einen ausgeglichenen Zustand beseligender Weisheit hin, der das gewöhnliche Verlangen unserer Sinne vollständig transzendiert.

Für diejenigen unter uns, die die nötige Reife besitzen, kann der bloße Anblick eines solchen Bildes die Verbindung zwischen männlichen und weiblichen Energien bzw. Seiten ihres Wesens wiederherstellen. Um dies zu ermöglichen, müssen wir den Einfluß des überintellektuellen, begrifflichen Geistes zurückdrängen. Vor allem dieses begriffliche Denken ist für die Gefühle des Getrenntseins und der Entfremdung von unserer inneren Wirklichkeit verantwortlich. Das ist einer der Gründe dafür, warum Symbole und Bilder, wie sie in der tantrischen Kunst und Visualisierung verwendet werden, uns so viel wirksamer mit unserem wahren Wesen in Kontakt bringen können als bloße Worte.

DIE VIER KLASSEN DES TANTRA

Es gibt vier Klassen oder Stufen im buddhistischen Tantra. Man nennt sie Handlungs-, Durchführungs-, Yoga- und Höchstes Yoga-Tantra. Jede von ihnen ist für einen bestimmten Typus von Praktizierenden bestimmt, und der Unterschied zwischen den einzelnen tantrischen Klassen ergibt sich aus dem Maß von Verlangen, das der tantrische Praktizierende auf dem geistigen Weg nutzen kann. In der Überlieferung werden diese unterschiedlichen Ebenen freudvoller Energie mit Beispielen zunehmender sexueller Vertrautheit veranschaulicht. Es heißt, der Praktizierende der ersten Stufe des Tantra sei in der Lage, die beseligende Energie, die durch das Anschauen eines anziehenden Partners entsteht, zu nutzen und umzuwandeln. Auf der zweiten Stufe wird die Energie umgewandelt, die entsteht, wenn wir mit diesem Partner ein Lächeln austauschen. Auf der dritten Stufe wird die Energie genutzt, die entsteht, wenn wir uns an den Händen halten, und der qualifizierte Praktizierende des Höchsten Yoga-Tantra ist in der Lage, die Energie des Verlangens, die bei einer sexuellen Umarmung entsteht, in den geistigen Weg einmünden zu lassen. Diese kraftvollen Bilder geben uns eine Vorstellung von der zunehmenden Energie, die wir durch die Praxis des Tantra erfassen und umwandeln können.

Die praktische Frage besteht darin, wie wir die Techniken der tantrischen Umwandlung für uns individuell nutzen können. Es ist einfach, in einer allgemeinen Art und Weise über Theorie und Praxis von Tantra zu sprechen, darüber, wie wir Verlangen auf dem Weg zur Erleuchtung nutzen können, doch hat solches Reden wenig Wert. Wichtig ist vor allen Dingen, daß wir durch die genaue Überprüfung unserer eigenen Fähigkeiten und Erfahrungen herausfinden, wie wir im Augenblick mit unserem Verlangen umgehen. Wir müssen uns fragen, wieviel Sinnesfreuden wir zulassen können, ohne außer uns zu geraten. Auch wenn es richtig ist, daß tantrische Praxis letztlich einen feinen und durchdringenden Geisteszustand wecken kann, der von seinem Wesen her äußerst freudvoll ist, so heißt das nicht, daß es für uns gut sei, unserem Verlangen einfach zu folgen, da auch das zu einer gewissen Seligkeit führt. Wir müssen aufrichtig unsere gegenwärtigen Grenzen und Fähigkeiten erkennen und realistisch einschätzen, wenn unsere tantrische Praxis in irgendeiner Art Früchte tragen soll.

Eines der größten Hindernisse für echte geistige Entwicklung ist Überheblichkeit. Diese Gefahr besteht vor allen Dingen im Hinblick auf die Praxis von Tantra. Wir mögen das Gefühl haben, da ja Tantra als Weg gepriesen wird, auf dem man Verlangen nutzen kann, alles, was wir zu tun haben, um ein echter Praktizierender zu sein, bestehe darin, in unseren unkontrollierten Vorlieben zu schwelgen und unser Verlangen zu verstärken. Manche haben diese Einstellung, sie ist jedoch völlig verkehrt. Wir sollten nie vergessen, daß wir alle schon aufs höchste entwickelte tantrische Yogis und Yoginis wären, wenn das Schwelgen in Verlangen mit der Praxis von Tantra gleichgesetzt werden könnte. Obgleich unser Leben von unstillbarem Verlangen nach diesem und jenem angefüllt ist, ist doch alles, was wir bislang durch unser Verlangen gewonnen haben, stets nur noch mehr Unzufriedenheit.

Warum ist das so? Was an unserem gewöhnlichen Verlangen führt uns so unausweichlich zu Enttäuschungen und Unzufriedenheit? Wenn wir das nicht begreifen, ist unser ganzes Reden über den Nutzen von Verlangen auf dem Weg zur Erleuchtung ein bloßer Witz.

VERLANGEN UND VERZERRTE WAHRNEHMUNG

Es ist wichtig zu verstehen, daß das Verlangen, das wir für gewöhnlich nach einem anziehenden Gegenstand verspüren, unsere Wahrnehmung des Objektes verzerrt. Ein offensichtliches Beispiel dafür ist sexuelles Verlangen. Als Beispiel für eine so verzerrte Wahrnehmung können wir den Fall eines Mannes nehmen, der in eine bestimmte Frau vernarrt ist, oder irgendeiner Person, die sich sehr heftig für eine andere interessiert. Selbst wenn diese Frau allgemein als anziehend gilt, so übertreibt doch das Verlangen des Mannes nach ihr diese Schönheit bis zur Lächerlichkeit. Je stärker sein Verlangen ist, desto unrealistischer wird sein Bild von ihr. Schließlich weist dieses Bild überhaupt keinen Bezug mehr zur Wirklichkeit auf. Statt daß der Mann die Frau selbst anziehend findet, hat er sich in eine selbstgeschaffene Projektion vernarrt.

Diese Neigung zum Übertreiben und Projizieren ist nicht auf irgendeine Kultur beschränkt oder begrenzt; sie ist ein universelles Phänomen. Wenn sich zwei Menschen mit den Augen übermäßigen Verlangens anschauen, erfindet jeder von beiden ungeheure Geschichten über den anderen. „Welche Schönheit! Es gibt nicht den kleinsten Fehler, weder innen noch außen!“ Sie bauen einen vollkommmen Mythos auf. Durch ihre Vernarrtheit und ihr Verlangen werden sie blind für die Unvollkommenheiten im anderen und übertreiben seine bzw. ihre guten Eigenschaften bis zur Unkenntlichkeit. Diese Übertreibung ist einfach eine abergläubische Interpretation, die Projektion eines von Verlangen besessenen Geistes.

In einem größeren oder kleineren Ausmaß ist diese Neigung zu übertreiben eine Eigenschaft aller Spielarten von gewöhnlichem Verlangen. Wir übertreiben die Schönheit oder den Wert von allem, was uns anzieht, und verlieren sein eigentliches Wesen aus den Augen. Wir vergessen z.B., daß der Gegenstand unseres Verlangens – sei es nun eine Person oder ein Ding – sich die ganze Zeit verändert, so wie das auch mit uns geschieht. Wir tun so, als ob es für immer als etwas Schönes und Begehrenswertes existieren und uns ewige Freude und Zufriedenheit schenken könnte. Eine solche Auffassung von Beständigkeit hat natürlich überhaupt nichts mit der Wirklichkeit zu tun, und wenn wir uns daran festhalten, bereiten wir nur den Boden für Enttäuschungen.

Es ist wichtig, daß wir begreifen, daß diese Gewohnheit, eine falsche Vorstellung von Beständigkeit auf begehrte Dinge zu projizieren, kein bewußter Vorgang ist. Wenn man uns fragt: „Glaubst du, daß dein Freund – oder deine Freundin oder das neue Auto oder was auch immer – ewig besteht und immer schön sein wird?", dann sagen wir sofort: „Natürlich nicht." Uns sind die Kräfte der Veränderung und des Zerfalls, von Alter und Tod zu vertraut, als daß wir anders antworten könnten. Für die meisten von uns bleibt dieses Verständnis allerdings rein intellektuell. Es ist eine Vorstellung, die wir mit unserem Verstand begreifen, aber noch keine Verwirklichung, die wir mit unserem Herzen fühlen können. Wenn wir unsere tief verwurzelte emotionale Haltung gegenüber begehrenswerten Dingen betrachten und prüfen, dann werden wir ein gewohnheitsmäßiges Greifen nach Beständigkeit entdecken, das weitgehend unberührt bleibt von jeder Art von intellektuellem Verstehen von Veränderungsprozessen. Wir brauchen uns bloß anzuschauen, wie unser Herz voller Erwartung erbebt, wenn wir von einem starken Verlangen nach etwas oder jemandem gefangen sind. Würden wir eine solch intensive Aufregung erfahren, wenn wir keine unrealistischen Erwartungen hätten?

Versteht diesen Punkt nicht falsch. Ich möchte hier nicht übermäßig kritisch auftreten und sagen, daß alle unsere emotionalen Haltungen widernatürlich seien. Ich versuche lediglich eine Situation zu untersuchen, die Menschen überall auf der Welt erfahren: Obgleich unser Verlangen auf Glück ausgerichtet ist, bleiben wir dennoch unerfüllt und unbefriedigt. Wenn wir die Ursachen dafür nicht verstehen, sind alle Hoffnungen, die wir haben mögen, Verlangen zum Erreichen des vollständigen Glücks der spirituellen Erfüllung zu nutzen, zum Scheitern verurteilt.

DIE QUELLE VON UNZUFRIEDENHEIT

Wo liegt nun der Fehler? Wer oder was ist daran schuld, daß es uns ständig mißlingt, das Glück und den Frieden zu erlangen, nach denen wir so verzweifelt suchen? Um diese Frage beantworten zu können, wollen wir uns einmal ganz genau anschauen, wie das gewöhnliche Verlangen funktioniert. Da wir uns irgendwie unvollständig fühlen, unsicher und unerfüllt, schauen wir nach draußen, wir suchen etwas oder jemanden, das oder der uns zur Ganzheit verhelfen kann. Bewußt oder unbewußt haben wir das Gefühl: „Wenn ich nur dies oder das hätte, wäre ich glücklich!" Von solchen Gedanken getrieben, versuchen wir jedes anziehende Objekt, das uns die Erfüllung unseres Verlangens verspricht, in Besitz zu nehmen. In diesem Vorgang verwandeln wir den Gegenstand in ein Götzenbild. Wir übertreiben seine anziehenden Eigenschaften, bis es sich selbst kaum mehr ähnlich sieht.

Wenn wir versuchen, dieses übertriebene Objekt unseres Verlangens in Besitz zu nehmen, kann uns das gelingen oder auch nicht. Wenn unsere Bemühungen keinen Erfolg bringen und der Gegenstand nicht in unsere Hände gelangt, sind wir natürlich enttäuscht. Je stärker unser Verlangen nach dem Gegenstand ist, desto größer ist auch unsere Verzweiflung, wenn wir es nicht in unseren Besitz bringen können.

Was aber geschieht, wenn wir erfolgreich sind und das bekommen, wonach wir verlangen? Das, was wir schließlich bekommen, und das, was wir bekommen wollten, unterscheidet sich beträchtlich. Das, was wir schließlich besitzen, ist nicht unser lang ersehntes Traumbild – die beständige, vollkommene und uns für immer zufriedenstellende Lösung unserer tiefsten Probleme – sondern etwas, was so unbeständig, unvollkommen und unvollständig ist wie wir selbst. Diese Person oder dieses Ding mag uns tatsächlich für eine Weile Freude bereiten, es kann sich aber niemals mit den Erwartungen messen, die wir an es gerichtet haben. Und so fühlen wir uns über kurz oder lang betrogen und bitter enttäuscht.

Jetzt kehren wir zu unserer Ausgangsfrage zurück. Wem oder was können wir die Schuld zuweisen für unser Unglück? Relativ häufig geben wir dem Objekt die Schuld: „Wenn sie bloß hübscher wäre" und „Wenn er bloß netter zu mir wäre" und „Wenn doch bloß das Auto schneller oder moderner wäre", „Wenn nur dies oder das wäre". So sind die dualistischen Überlegungen beschaffen, die unseren Kopf füllen, wenn wir – enttäuscht von dem, was wir haben – uns fragen, was wir an seine Stelle setzen könnten, damit es uns das Glück garantiert, nach dem wir verlangen. Das nächste, das uns dann einfällt, ist, nach einer neuen Frau oder einem neuen Mann oder nach einem neuen Auto zu suchen und an dieses Objekt die gleichen unrealistischen Erwartungen zu richten wie an das Objekt, das wir gerade verwerfen. Auf diese Art und Weise fahren wir fort, uns im Kreis zu drehen, dies und jenes in unserem Leben zu verändern, aber niemals dem ersehnten Glück und Frieden des Geistes näher zu kommen.

DIE TANTRISCHE LÖSUNG

Die tantrische Lösung für dieses Problem ist äußerst radikal. Sie beinhaltet eine völlige Umwandlung unserer gewöhnlichen Sichtweise. Das ist der zentrale Punkt des tantrischen Ansatzes. Die gleiche Energie des Verlangens, die uns für gewöhnlich von einer unbefriedigenden Situation in die nächste bringt, wird durch die Alchemie des Tantra in eine transzendentale Erfahrung von Freude und Weisheit verwandelt. Der Praktizierende bündelt die durchdringende Brillanz seiner freudvollen Weisheit in einer Weise, daß sie wie ein Laserstrahl alle Projektionen von diesem und jenem durchschneidet und ins Herz der Wirklichkeit vordringt. Die verschiedenen Ebenen von Verwirrung und Konflikten, die im Augenblick unseren Geist verdunkeln und uns davon abhalten, die Ganzheit, die Totalität unseres menschlichen Geistes zu erfahren, werden durch die Kraft dieses seligen Gewahrseins von Grund auf beseitigt. Die Energie unseres Verlangens wird so nutzbar gemacht, und statt daß sie, wie das für gewöhnlich geschieht, unsere Unzufriedenheit vergrößert, zerstört sie die eigentliche Ursache unserer Unzufriedenheit: die grundsätzliche Unwissenheit in Bezug auf das Wesen der Wirklichkeit.

In der Tradition des tibetischen Tantra wird diese Umwandlung der Energie des Verlangens durch folgendes Gleichnis veranschaulicht: Es gibt gewisse Insekten, die, wie es heißt, im Holz geboren werden; d.h. ihr Lebenskreislauf beginnt mit der Brut tief im Innern eines Baumes. Wenn sie dann heranwachsen, nähren sie sich von dem Baum, sie fressen das Holz, in dem sie geboren wurden. In ähnlicher Weise entsteht durch die Praxis der tantrischen Umwandlung aus Verlangen Einsicht und Weisheit, die dann alle Negativitäten, die den Geist verdunkeln, aufzehren, einschließlich des Verlangens, aus dem sie entstanden.

Wir können also sehen, daß die gewöhnlichen und die erleuchteten Funktionen von Verlangen im Gegensatz zu einander stehen. Im Tantra erweitert die Erfahrung von Seligkeit, die aus Verlangen entsteht, den Geist, so daß wir alle unsere Begrenzungen überwinden können, während die Freuden, die für gewöhnlich aus der Begegnung mit Objekten von Verlangen entstehen, unsere Aufmerksamkeit verengen und zu einer beschränkten Besessenheit in bezug auf mehr und bessere Freuden führen. Berauscht von angenehmen Empfindungen, verlieren wir unser Gewahrsein für die Ganzheit und versinken in einem Zustand träger Dumpfheit. Unser Geist bezieht sich in einer ganz eingeschränkten Weise auf sein Objekt, und da wir immer stärker nach immer mehr Befriedigung verlangen, entfernen wir uns immer weiter von der Wirklichkeit. Man könnte beinahe sagen, daß wir unter dem Bann starken Verlangens in eine Art Unbewußtheit versinken. Wenn wir schließlich aus diesem trägen, traumartigen Zustand erwachen, stellen wir fest, daß alle Freude, die wir vielleicht erfahren haben, verschwunden ist, und alles, was uns bleibt, ist die Unzufriedenheit, mit der alles anfing.

Mit anderen Worten kann man sagen, daß unsere Erfahrung von Freude normalerweise von Unwissenheit verdunkelt ist. Vielleicht entsteht eine kurzfristige Begeisterung, aber keine Klarheit, keine Achtsamkeit und kein Licht. Bei den tantrischen Übungen geht es darum, unsere Erfahrungen von Freude mit Licht zu verbinden. Diese Verbindung wird, wie ich schon zuvor erwähnt habe, bildlich durch die Vereinigung einer männlichen und einer weiblichen Gottheit dargestellt. Dieses Bild symbolisiert eine Vereinigung von männlicher Energie – Seligkeit – und weiblicher Energie – durchdringender, nicht-dualistischer, ungeschiedener Weisheit. Letztlich müssen diese beiden Energien zusammengebracht werden, wenn wir die wahre Erfüllung unseres tiefsten Wesens erfahren wollen. Wenn wir eine solche Vereinigung von Seligkeit und Weisheit gegenwärtig nicht gewohnt sind, müssen wir große Mühe aufwenden, um eine Erfahrung von Ganzheit machen zu können.

EIN WORT DER VORSICHT

Weil es für uns eine so tief verwurzelte Gewohnheit ist, in einen Zustand von Dumpfheit und Verwirrung zu verfallen, wenn wir nach Freude verlangen, zeugt es von großer Unvernunft, wenn wir glauben, daß wir sofort fähig sind, die Energie starken Verlangens in reine, umfassende, geistige Klarheit zu verwandeln. Auch wenn Tantra der schnellste Weg zur Vollendung der Erleuchtungserfahrung ist, so müssen wir uns doch schrittweise, gemäß unseren Möglichkeiten, entwickeln; tun wir das nicht, so belasten wir uns über unsere Verhältnisse. Wir laufen dann Gefahr, so zu enden wie die armen Länder, die bei ihrem Versuch, ihr Land zu industrialisieren, zu schnell zu viel machen. Das wenig schöne Ergebnis eines solchen Vorgehens ist dann, daß ihr einfaches und verhältnismäßig ausgeglichenes Leben in große Verwirrung gerät. Zwar besteht Sinn und Zweck der forcierten Industrialisierung darin, ihrem Land Nutzen zu bringen, doch gibt es am Ende mehr Unruhe und Unzufriedenheit als zuvor. Etwas Ähnliches geschieht, wenn unsere Praxis der tantrischen Umwandlung unseren emotionalen und geistigen Fähigkeiten nicht entspricht – wenn wir also glauben, mehr Energie von Verlangen zulassen und umwandeln zu können, als es uns tatsächlich möglich ist –, dann führt uns das in noch größere Verwirrung, als wir jetzt schon erfahren."

Manjushri

4 *Nieder mit der Gewaltherrschaft der gewöhnlichen Erscheinungen*

JENSEITS ALLER GRENZEN - SICH SELBST ALS GOTTHEIT SEHEN

Wir können sehen, daß sich die Energie von Verlangen auf zwei genau entgegengesetzte Arten und Weisen auf uns auswirken kann. Mit Hilfe der umwandelnden Methoden von Tantra kann diese Energie in Licht und selige Weisheit verwandelt werden und so zu einer durchschlagenden Kraft für unsere Entwicklung werden. Üblicherweise paßt diese Energie von Verlangen in Gewohnheitsmuster von Festhalten und Anhaftung, die unser Gewahrsein herabsetzen und gleichzeitig Unwissen und Unzufriedenheit verstärken. Eine der Hauptaufgaben, vor die sich ein Mensch auf dem geistigen Weg gestellt sieht, besteht darin, so genau wie möglich festzustellen, welche Faktoren für das Aufrechterhalten dieses Kreislaufes von Unzufriedenheit verantwortlich sind, und dann die Gegenmittel anzuwenden, die am besten geeignet sind, ihre zerstörerischen Funktionen aufzuheben. Erst dann können wir die umwandelnde Kraft von Tantra in angemessener Weise nutzen.

Dem buddhistischen Tantra zufolge bleiben wir in einem Kreislauf von Unwissen gefangen, weil unsere Sicht der Wirklichkeit eng und erdrückend ist. Wir halten an einer sehr begrenzten und einschränkenden Sichtweise davon fest, wer wir sind und was wir werden können. Als Ergebnis dessen bleibt unser Selbstbild bedrückend niedrig und negativ, und wir fühlen uns äußerst unzulänglich und ohne Hoffnung. Solange unsere Meinung von uns selbst so gering ist, hat unser Leben keine Bedeutung. Viele Menschen sind der Meinung, daß Menschen kaum mehr als Affen sind, und daß der menschliche Geist lediglich aus einer Reihe von chemischen Reaktionen und elektrischen Impulsen im Gehirn besteht. Eine solche Sichtweise reduziert uns auf ein Stück Materie und spricht dem Menschen jede höhere Dimension ab. Worin besteht für Menschen, die tatsächlich so eng über das Menschsein denken, Sinn und Zweck des Lebens? Vielleicht darin, so viele angenehme Empfindungen wie möglich zu erfahren, bevor wir in unser grundlegendes Wesen, in Staub, zerfallen. Eine solch traurige Sichtweise ist wohl der Grund für einen Großteil der Entfremdung in der heutigen Gesellschaft.

Tantra stellt diese unangemessen geringe Meinung über unsere Möglichkeiten als Menschen in Frage und zeigt uns, wie wir uns selbst und andere als transzendental schön – in der Tat als Götter und Göttinnen – sehen können. Eine der hauptsächlichen Übungen auf allen Stufen des Tantra besteht darin, unsere gewöhnliche Sichtweise von uns selbst aufzulösen und dann aus der Leere, in die wir alle diese Vorstellungen aufgelöst haben, im strahlenden Lichtkörper der Gottheit zu erstehen: eine Verkörperung der grundlegenden Klarheit unseres tiefsten Wesens. Je mehr wir uns darin üben, uns selbst als eine solche Meditationsgottheit zu sehen, desto weniger fühlen wir uns an die gewöhnlichen Enttäuschungen und Frustrationen des Lebens gebunden. Die Visualisierung als Gottheit ermöglicht uns, Einfluß auf unser Leben zu erlangen und eine reine Umgebung für uns zu schaffen, in der wir unser tiefstes Wesen ausdrücken können.

Wir sollten tantrische Meditationsgottheiten nicht mit dem verwechseln, was in verschiedenen Mythologien und Religionen Götter oder Göttinnen genannt wird. Die Gottheit, mit der wir uns identifizieren, steht hier für die in uns schlummernde Erfahrung völligen Erwachtseins, die in uns verborgen liegt. Wenn wir das in der Sprache der Psychologie ausdrücken wollen, so ist eine solche Gottheit ein archetypisches Bild unseres tiefsten Wesens, der tiefsten Ebene unseres

Bewußtseins. Im Tantra richten wir unsere Aufmerksamkeit auf ein solches archetypisches Bild und identifizieren uns damit. So erwecken wir die tiefsten, bedeutungsvollsten Seiten unseres Wesens zum Leben und bringen sie in unsere gegenwärtige Wirklichkeit. Es ist eine simple Wahrheit, daß wir, wenn wir uns als grundlegend rein, stark und fähig identifizieren, diese Eigenschaften tatsächlich entwickeln; wenn wir aber fortfahren, uns als langweilig und dumm zu sehen, auch genau so werden.

Als Beispiel für eine tantrische Umwandlung können wir uns z.B. als Manjushri vorstellen, als göttlichen Prinzen, für gewöhnlich von rot-gelber Farbe. In seiner Rechten hält er das Schwert unterscheidender Weisheit und in der Linken einen Text mit den Lehren von der Vollendung der Weisheit. Wir können das tun, ob wir ein Mann oder eine Frau sind, da tantrische Visualisierungen unsere gewöhnliche Identifikation als Mann oder Frau vollkommen transzendieren. Ein solches vorgestelltes Bild ist jedoch nicht der wirkliche Manjushri. Die Weisheit – die völlig unbehinderte Sicht eines Geistes, der sein volles Potential realisiert hat – ist der eigentliche Manjushri. Der Zweck dessen, uns in der Form einer bestimmten Gottheit zu sehen, besteht darin, die Entwicklung der uns innewohnenden Weisheit voranzutreiben. Das doppelseitig geschliffene Schwert von Manjushri symbolisiert z.B. die Fähigkeit der erleuchteten Weisheit, die zwischen dem, was wahr und falsch ist, unterscheidet, indem sie alle falschen Vorstellungen und allen Aberglauben abschneidet. Je stärker wir uns mit einer solchen Gottheit identifizieren und dabei wissen, wofür jedes ihrer Attribute steht, desto stärker regen wir in unserem eigenen Geist das Wachstum dieser Eigenschaften an.

In den frühen Stufen der Übung ist der Vorgang, uns selbst als Gottheit zu sehen, überwiegend künstlich. Wenn wir uns aber im Gottheiten-Yoga mit der angemessenen Ausdauer üben, können wir schließlich diese selbsterzeugte Gottheit mit einer Klarheit sehen, die die unseres derzeitigen Selbstbildes bei weitem übertrifft. Unser Geist wird wirklich zum

Geist der Gottheit und unsere gewöhnlichen Sinneserfahrungen – das, was wir sehen, hören, schmecken usw. – verwandeln sich in die beseligenden Freuden der Gottheit. Das ist kein Märchen. Solche Umwandlungen haben zahllose tantrische Meditierer der Vergangenheit erfahren, und es gibt keinen Grund, warum nicht auch wir die gleichen transzendentalen Ergebnisse erfahren sollten, wenn wir uns darum entsprechend bemühen.

SCHWIERIGKEITEN MIT DER VISUALISIERUNG

„Warum soll ich mich als Manjushri oder als irgendeine andere Gottheit manifestieren?“ werdet ihr vielleicht fragen. „Es fällt mir schon schwer genug, mich als Mann oder Frau zu manifestieren. Warum soll ich jetzt meine Erscheinung ändern und eine neue Maske aufsetzen, eine Manjushri-Maske?“

Wenn wir uns als Manjushri manifestieren, so sollten wir bedenken, daß es nicht darum geht, etwas anderes zu manifestieren, als wir schon sind. Wir tragen die tiefgründigen Eigenschaften einer solchen göttlichen Manifestation schon jetzt – in diesem Augenblick – in uns. Der Grund dafür, warum wir üben, uns als Gottheit zu manifestieren, besteht darin, daß wir so diese Eigenschaften besser erkennen und entwickeln können, statt in den einschränkenden Projektionen unserer mitleidvollen Haltung – „ich bin so häßlich und dumm, so schwach und wertlos!“ – gefangen zu bleiben.

Ihr wundert euch vielleicht immer noch: „Wie kann es sein, daß Manjushri oder irgendeine andere tantrische Gottheit das Wesen dessen ist, was ich jetzt schon bin? Ich sehe nicht aus wie irgendeine dieser Gottheiten; ich bin weder orange, noch blau oder grün; ich besitze auch nicht mehr als ein Gesicht und zwei Arme wie viele von ihnen.“ Natürlich gibt es solche und ähnliche Einwände. Doch wenn wir sie wirklich entkräften wollen, müssen wir zuerst genau untersuchen, wer wir eigentlich zu sein glauben.

Erstens, ihr seid nicht euer gegenwärtiges Gesicht; ihr seid auch nicht eure Knochen und euer Fleisch; weder euer Blut noch irgendein anderer Körperteil macht euer Wesen aus. In gewissem Sinn kann man sagen, daß euer Körper einem mechanischen Roboter gleicht, weil er aus sich heraus keine Kraft zunm Arbeiten hat. Jemand anders muß die Kontrolle ausüben. Und so wie das Computer-Programm den Roboter kontrolliert und zum Arbeiten anhält, so ist es euer Geist – oder das Bewußtsein, die Psyche oder Seele, oder wie immer ihr das nennen wollt –, der eurem Körper Leben gibt. Wenn ihr also den Kern dessen sucht, was ihr seid, wenn ihr wissen wollt, wer oder was dafür verantwortlich ist, wie ihr euer Leben lebt, dann müßt ihr in eurem Geist danach suchen.

Das nächste, was ihr verstehen müßt, ist, daß ihr euch vom Zeitpunkt eurer Geburt bis heute auf viele unterschiedliche Arten und Weisen manifestiert habt. Keiner von uns ist beständig und unveränderlich. Wenn ihr z.B. sehr wütend seid, dann seht ihr aus wie ein Dämon. Ein anderes Mal, wenn ihr von Liebe erfüllt seid, seht ihr aus wie ein wunderschöner Engel. Keine dieser Manifestationen – sei sie ärgerlich, friedvoll, eifersüchtig, liebevoll, dumm oder weise – stammt in erster Linie von eurem Körper, von eurer körperlichen Form. Alle entstehen durch die Kraft eures Bewußtseins, durch die Kraft eures Geistes. Der Geist hat die Fähigkeit, Tausende von unterschiedlichen Emotionen und Einstellungen zu erzeugen, und dem Körper bleibt keine andere Wahl, als dem zu folgen. Trotzdem identifizieren wir uns so häufig eher mit unserem Körper als mit unserem Geist. Gerade so, als ob wir dächten, der Körper sei der Chef und nicht unser Geist. Es ist beinahe so, als seien wir zum Sklaven unseres Körpers geworden. Schaltet nur für einige Minuten das Fernsehprogramm ein, dann wird euch klar, wieviel Energie unsere Kultur dem Dienst am Körper widmet und wie wenig der Pflege des Geistes. Kein Wunder, daß ein solch großes Durcheinander herrscht.

Dem Körper in dieser Weise den Vorrang über den Geist einzuräumen ist nicht der einzige Fehler, den wir begehen.

Wir begreifen auch nicht, daß unser grober Körper nicht der einzige Körper ist, den wir besitzen. Wir werden auf diesen Punkt später noch einmal ausführlicher zu sprechen kommen (siehe Kapitel zehn). Ganz kurz gesagt geht es um folgendes: Innerhalb der Grenzen unserer gewöhnlichen Form gibt es einen feineren Bewußtseinskörper. Er heißt so, weil er sehr eng mit tiefen Bewußtseinsschichten in uns verbunden ist. Aus diesen feineren Ebenen stammt die Energie glückseliger Weisheit, eine Energie, die fähig ist, unsere Lebensqualität vollständig zu verwandeln. Tantrische Gottheiten symbolisieren die vollständige Entwicklung dieser beseligenden Weisheitsenergie. Aus diesen Gründen können wir sagen, daß eine solche Gottheit – gleichgültig, welche Farbe oder wieviele Gesichter sie hat – die Essenz dessen symbolisiert, wer wir sind und was wir werden können. Gottheiten-Yoga hat von daher nichts mit Phantasien über das Unmögliche zu tun. Es ist vielmehr eine äußerst praktische Methode, unserem höchsten Potential durch systematisches Üben und eine grundlegende Umwandlung unseres menschlichen Bewußtseins gerecht zu werden.

Im Augenblick mag uns das Gottheiten-Yoga sehr fremd und auf den ersten Blick als etwas ganz und gar Unpraktisches erscheinen. Wir können jedoch seine Wirksamkeit erahnen, wenn wir an ähnliche Techniken denken, die ihren Wert sogar im skeptischen Westen bewiesen haben. Es gibt z.B. viele belegte Fälle von Menschen, die sich selbst durch schöpferische Vorstellungen von Krebs und anderen schweren Krankheiten geheilt haben. Statt zu glauben: „Mein Körper ist von Krebs verseucht, und ich muß sterben“, stellen sich diese Menschen als vollständig und gesund vor. Der Geist läßt die Vorstellung von Krankheit los und ersetzt sie durch ein strahlendes Bild voller Lebenskraft. In vielen Fällen hat sich dieser Ansatz als wirksam erwiesen, selbst in Fällen, in denen die Ärzte schon alle Hoffnungen aufgegeben hatten.

Die Gesundheit von Körper und Geist ist in erster Linie eine Frage unseres Selbstbildes. Menschen, die schlecht über sich denken, aus welchen Gründen auch immer, werden und bleiben unglücklich. Diejenigen, die ihren inneren Reichtum erkennen und daraus Kraft schöpfen, können auch die allerschwierigsten Umstände meistern. Gottheiten-Yoga ist eine der tiefgründigsten Arten und Weisen, unser Selbstbild positiv zu gestalten. Aus diesen Gründen ist Tantra eine so schnelle und kraftvolle Methode, die Erfüllung unseres unglaublichen Potentials zu erlangen.

Das größte Hindernis, das unserer erfolgreichen Umwandlung in eine solche Gottheit im Wege steht, ist unser fester Glaube an gewöhnliche Erscheinungen. Solange wir an der gewöhnlichen Sichtweise, die wir von uns selbst haben, festhalten, gibt es keinen Raum, uns als erleuchtetes Wesen zu sehen. Wir können uns nicht wirklich als jemanden sehen, der den durchscheinenden Lichtkörper einer Gottheit besitzt, wenn wir uns weiterhin so stark mit unserer groben, körperlichen Form identifizieren. Und es wird uns nie gelingen, das im Kern reine Wesen unseres Seins zu berühren, wenn wir weiterhin glauben, daß das grundlegende Wesen unseres Geistes nur aus den Verblendungen und groben Vorstellungen besteht, die uns ständig durch den Kopf gehen.

Wenn wir also wirklich die Zufriedenheit vollständiger Selbsterfüllung erreichen wollen, müssen wir einen Weg finden, uns von der Gewaltherrschaft gewöhnlicher Erscheinungen und Vorstellungen zu befreien. Wir müssen in der Tiefe unseres Herzens begreifen, wie sehr es uns zerstört, wenn wir uns auf unseren Körper und Geist und damit auf unser Selbstbild in der groben und einschränkenden Weise beziehen, wie wir das im Augenblick tun. Wir müssen verstehen, daß unser naives Annehmen gewöhnlicher Erscheinungen uns nur noch verwirrter und unzufriedener macht.

Jede Neigung zu Unentschlossenheit und Angst im Augenblick ist Symptom eines dualistischen, gespaltenen Geistes, eines Geistes, der eine scheinbar endlose Aufeinanderfolge widersprüchlicher Gedanken erzeugt. „Ich möchte gerne schön sein, aber leider sehe ich schlecht aus.“ Solche Gedanken zeigen, wie oberflächlich unsere Urteile über uns selbst sind. Die körperliche Erscheinung ist kein echter Maßstab für den eigentlichen Wert eines Mannes oder einer Frau. Und doch genügen kleine körperliche Unvollkommenheiten – mögen sie nun wirklich oder eingebildet sein –, um uns in Angst und Schrecken zu versetzen. Es gibt sogar Menschen, die sich so häßlich und wertlos fühlen, so voller Selbstvorwürfe, daß sie sich zu Tode hungern. Das mag ein extremes Beispiel sein, doch glaube ich, daß sich die meisten von uns aus dem einen oder anderen Grund herabsetzen und damit unglücklich machen.

ABGELENKT VON ÄUSSEREN DINGEN

Manchmal sieht es so aus, als renne der Geist in alle Richtungen gleichzeitig und wende sich in einer verzeifelten Suche diesem und jenem zu. Warum nur? Wir suchen nach einem namenlosen Etwas, das unsere Sehnsucht nach Stabilität und Sicherheit stillen soll. Wir gehen von einer Sache zur nächsten in der Hoffnung, daß die nächste Erfahrung das beinhaltet, wonach wir Ausschau halten. Das führt dazu, daß unser Geist ständig zerstreut ist. Es fällt uns schwer, unsere ganze Aufmerksamkeit auf das zu richten, was wir gerade tun. Warum? Ein Teil unseres Geistes ist unzufrieden und hat schon begonnen, nach jenem illusionären Anderen zu suchen. Selbst wenn wir etwas gerne tun, verlieren wir sehr leicht unsere Konzentration. Auf diese Weise entdecken wir in unserem Leben weder irgendeinen tieferen Sinn, noch haben wir mit unseren irdischen Angelegenheiten Erfolg.

Das unvermeidliche Ergebnis unserer begrenzten Vorstellungen über uns selbst – begrenzt durch unseren unhinterfragten Glauben an gewöhnliche Erscheinungen – ist die Neigung, außerhalb von uns selbst nach einer Lösung für unsere Schwierigkeiten zu suchen. Wir sind es so gewohnt, uns als unvollständig oder mit grundsätzlichen Mängeln behaftet zu sehen, daß es uns überhaupt nicht in den Sinn kommt, auf unseren inneren Reichtum, unsere innere Stärke als Lösung für unsere Schwierigkeiten zu schauen. Wir glauben stattdessen, daß uns etwas in unserer äußeren Umgebung das geben könnte, was wir wollen, wenn wir es nur besäßen. Es liegt eigentlich auf der Hand, wie vergeblich ein solches Unterfangen ist. Welche Person oder welches Ding können wir uns so zu eigen machen, daß diese ständige Suche nach Sicherheit aufhört? Weder die schönste Frau der Welt noch der netteste Mann, noch die modischsten Kleider und kostbarsten Juwelen, noch die ausgefallensten Vorstellungen haben die Kraft, unsere Sehnsucht zu stillen, solange wir uns innerlich unvollständig fühlen. Solange wir glauben, daß wir außerhalb von uns selbst eine Zuflucht finden können vor den Widrigkeiten des Lebens, ist es unmöglich, wahren geistigen Frieden zu erfahren. Sicherlich ist der Besitz von Wohlstand und Reichtum nicht die Lösung. Das häufige Vorkommen von Alkoholismus, Scheidung und Selbstmord in den sogenannten entwickelten Ländern der Welt zeigt, daß bloßer materieller Besitz die innere Unruhe nicht beseitigen kann.

Wenn wir uns nun von materiellen Dingen ab- und einer höheren geistigen Wirklichkeit als Lösung für unsere Schwierigkeiten zuwenden, so können unsere beschränkten Vorstellungen über uns selbst auch deren Nutzen sehr einschränken. Es kommt häufig vor, daß Menschen auf einem religiösen Weg das Gefühl eines unüberbrückbaren Abgrundes zwischen sich, versunken im Morast der Welt, und irgendwelchen höheren Wesen dort oben im Himmel haben. Je geringer unsere Meinung von unseren Fähigkeiten ist, desto jämmerlicher sind unsere Gebete. Wir rufen dann vielleicht: „O Gott, rette mich!" oder „Zu Hilfe, Buddha!" Solange wir in Selbstmitleid schwelgen, bleibt der Nutzen eines solchen Tuns sehr fraglich.

DIE HERAUSFORDERUNG - DIE ERKUNDUNG DER INNEREN WELTEN

Die tantrische Methode, uns selbst als Gottheit zu identifizieren, stellt ein direktes Gegenmittel für diese Haltung von Selbstmitleid dar. Je mehr wir uns als jemand sehen, der einen Körper und einen Geist aus reinem Licht besitzt, desto mehr öffnen wir uns den hilfreichen Kräften in und außerhalb von uns. Wir haben schon davon gesprochen, daß wir durch kreative Vorstellungen, die uns innewohnenden Heilkräfte wecken und uns so selbst von schrecklichen Krankheiten heilen können. Wie dieses Beispiel zeigt, hängen Körper und Geist voneinander ab, und es ist der Geist, der in erster Linie unsere Erfahrungen gestaltet. Wenn das geistige Bild, das wir von uns haben, positiv ist, dann sind unsere Handlungen ganz natürlicherweise voller Selbstvertrauen, und wir wirken auf andere stark und voller Lebenskraft. Wenn wir eine niedrige Meinung über uns haben, erscheinen wir schwach und ohne Einfluß, ziehen viele Schwierigkeiten auf uns und fallen sehr leicht Unfällen und Krankheiten zum Opfer.

Immer wieder zeigen unsere Erfahrungen, daß die geistigen Einstellungen in grundlegender Weise für unseren Erfolg und Mißerfolg verantwortlich sind. Dafür, ob wir gesund oder krank, anziehend oder häßlich, glücklich oder niedergeschlagen sind. Wenn wir in unserem Leben auf Schwierigkeiten stoßen, dann schauen wir ganz gewohnheitsmäßig nach einer Lösung außerhalb von uns selbst. Wir arbeiten nicht unmittelbar an unserem Geist, um eine andere Einstellung zu unseren Erfahrungen zu entwickeln. Wir gehen viel oberflächlicher heran und versuchen die äußeren Bedingungen zu beeinflussen, um so unsere Schwierigkeiten zu lösen. Das führt jedoch zu ständiger Unzufriedenheit. Wenn Veränderungen nicht von tiefen geistigen Umwandlungen begleitet werden, bringen sie nur für den Augenblick Erfolg. Früher oder später werden sich unsere Probleme wieder zu Wort melden, und wir fühlen uns dann so unwohl und unzufrieden wie zuvor.

Obgleich wir alle ein grundlegend reines Wesen besitzen, ist es nicht einfach, damit in Berührung zu kommen. Die grobe Art und Weise, mit der unser Geist normalerweise arbeitet, übertönt diese tieferen, subtilen Schwingungen in einem solchen Ausmaß, daß wir uns üblicherweise seiner

Existenz gar nicht bewußt werden. Wenn wir wirklich mit dieser feinen Essenz in Berührung kommen wollen, müssen wir alle Ablenkungen zur Ruhe kommen lassen und unser Festhalten an gewöhnlichen Erfahrungen und Vorstellungen lockern. Anders ausgedrückt: Wir müssen Raum schaffen. Einen Raum, in dem unser im Kern reines Wesen unbehindert wirken kann. Wenn wir tantrische Übungen so anwenden und uns als Gottheit visualisieren, dann machen wir uns nichts vor. Es ist eher so, daß wir die inneren, göttlichen Eigenschaften, die es schon immer in der Tiefe unseres Wesens gibt, an die Oberfläche bringen.

Die Methoden, mit deren Hilfe wir diesen notwendigen Raum schaffen können, sind Teil der verschiedenen vorbereitenden Übungen für die Praxis von Tantra. Wenn wir die äußerst kraftvollen, umwandelnden Energien von Tantra nutzen wollen, ohne uns zuvor mit diesen vorbereitenden Übungen geschult zu haben, wird unsere Praxis nicht erfolgreich sein. Es ist möglich, daß wir uns selbst stattdessen großen Schaden zufügen. Mit einem kraftvollen Düsenflugzeug können wir zwar am schnellsten von einem Ort zum nächsten gelangen, wenn wir aber jemanden ohne Ausbildung ans Steuer setzen, wird das mit einer Katastrophe enden. Ähnliches gilt für die Praxis von Tantra. Es ist zwar das schnellste Fahrzeug, um vollständige Erleuchtung zu erfahren, doch ist die Ausübung seiner Methoden ohne Vorbereitung von Körper und Geist äußerst leichtsinnig. Es drückt eine tiefe Unwissenheit in Bezug auf Sinn und Zweck von Tantra aus.

5 *Unzufriedenheit überwinden*

Die wichtigsten Voraussetzungen für die Praxis von Tantra – im allgemeinen nennt man sie die drei Hauptaspekte des Sutra-Fahrzeuges zur Erleuchtung – sind Entsagung, das hingebungsvolle Herz von Bodhicitta und die korrekte Sicht von Leerheit. Um zu zeigen, daß die Pflege dieser drei Geisteszustände den Raum schafft, in dem die tantrische Umwandlung stattfinden kann, werden wir sie unter den entsprechenden Kapitelüberschriften Überwinden, Öffnen und Auflösen besprechen. Zuerst kommen wir zur Entsagung: Das ist ein Geist, der aus seinen gewöhnlichen, beschränkenden Beschäftigungen auftaucht und stattdessen Interesse an seinem unendlichen, völlig befreiten Potential entwickelt.

WAS IST ENTSAGUNG?

Wir haben zuvor schon einige vorbereitende Methoden erwähnt, mit denen wir Raum schaffen können in unserem Geist. Wir können z.B. nur dann wirkungsvoll Tantra ausüben, wenn wir von unserer üblichen Art und Weise, an sinnlichem Verlangen festzuhalten, gründlich enttäuscht sind. Wir brauchen ein tief empfundenes Verständnis davon, daß ein solches Festhalten nie zu Zufriedenheit, sondern nur zu Schmerz und Enttäuschungen führt. Wir müssen begreifen, wie uns unser gewöhnliches Hängen an Freude und Vergnügen an den Kreislauf sich ständig wiederholender Enttäuschungen (*samsara*) bindet. Anderenfalls wiederholen wir den gleichen Fehler bei der Praxis von Tantra, den wir bei unserem gewöhnlichen Streben nach Glück begehen. Wenn wir nämlich durch unsere Praxis beseligende Erfahrungen erleben, halten wir daran als selbstexistent fest und sehen sie als etwas, was uns endlose Freuden schenkt. Wie eine Spinne im Netz auf ihr Opfer lauert, so stürzen wir uns dann voller Gier auf jede anziehende Erfahrung. Auf diese Weise aus allem Vergnügen herausholen zu wollen, ist völlig unrealistisch. Mit einer solchen Haltung werden wir nie wirkliche Zufriedenheit kennenlernen. Wenn wir diese begehrliche Haltung nicht aufgeben, werden wir uns, auch mit der Praxis von Tantra, ohne es zu beabsichtigen, weiterhin im Kreis drehen.

Zuerst gilt es, ein gewisses Maß von Entsagung zu verwirklichen. Da Entsagung so oft mit dem ängstlichen, ablehnenden Geisteszustand verwechselt wird, den ich zuvor in Frage gestellt habe, fange ich vielleicht damit an zu beschreiben, was Entsagung nicht ist.

Wenn eine Situation schwierig ist, können wir ihr dadurch entsagen, daß wir sie aufgeben oder vermeiden. Man kann das Entsagung nennen, aber nicht Entsagung von Samsara. Vielleicht ist unser Herz gebrochen, weil wir uns mit unserem Freund zerstritten haben, und wir ziehen in eine andere Stadt, um weiteren Schmerzen zu entgehen. Auch das ist keine Entsagung. Oder wir kommen vielleicht mit der Gesellschaft nicht zurecht, gehen in die Wildnis und erklären: „Ich entsage jetzt dem weltlichen Leben ganz und gar!" Wenn wir wie die Tiere ohne all die Annehmlichkeiten der Zivilisation leben, dann verzichten wir sicher auf einiges, aber auch das ist noch keine echte Entsagung.

Wir meinen vielleicht, daß Entsagung etwas mit dem Befolgen von religiösen Regeln zu tun hat. Und daß wir dann in Entsagung leben, wenn wir uns mit einer spirituellen Lehre befassen und meditieren. Das muß aber nicht der Fall sein. Wenn jemand das, was wir tun, in Frage stellt: „Du bist doch bloß auf einem seltsamen östlichen Trip!", und wir uns dann ärgern, dann zeigt das, daß wir ganz und gar keine Entsagung verwirklicht haben. Ein solches Verhalten weist eher darauf hin, daß wir an unserer Religion wie an einem Objekt der Sinne festhalten. Mit anderen Worten haben wir dann durch unsere gierige Haltung eine spirituelle Übung in eine weitere Form gewöhnlicher Anhaftung verwandelt.

Echte Entsagung bedeutet, daß wir uns nicht mehr länger auf die Sinnesfreuden als Quelle unseres letztendlichen

Glücks verlassen. Wir begreifen, daß es müßig ist, von solchen beschränkten, vergänglichen Phänomenen tiefe Erfüllung zu erwarten. Diesen Punkt müssen wir klar verstehen. Entsagung bedeutet nicht, daß wir Freude aufgeben oder uns Glück versagen. Entsagung bedeutet, daß wir unsere unrealistischen Erwartungen in bezug auf gewöhnliche Freuden aufgeben. Denn es sind gerade diese Erwartungen, die Freude in Schmerz verwandeln. Man kann es gar nicht oft genug betonen, daß Freude völlig in Ordnung ist. Was wir aufgeben müssen, ist das habgierige Greifen, die Übertreibungen, Verfälschungen und Verzerrungen, mit denen wir unsere Freude und unser Vergnügen verunreinigen.

LOSLASSEN EINÜBEN

Der tibetische Begriff, der üblicherweise mit „Entsagung" übersetzt wird, heißt wörtlich „mit Bestimmtheit auftauchen oder heraustreten aus" (*definite emergence*). Er weist auf einen tief im Herzen gefaßten Entschluß hin, die wiederholten Enttäuschungen und Frustrationen des gewöhnlichen Lebens mit Sicherheit hinter sich zu lassen. Einfach ausgedrückt ist Entsagung das Gefühl, genug zu haben von den ständig sich wiederholenden Schwierigkeiten. Und zwar so sehr, daß wir bereit sind, unser Anhaften aufzugeben, und uns auf die Suche nach einem anderen Weg machen, wie wir unser Leben sinnvoll und befriedigend gestalten können. So schließt die Entwicklung von Entsagung oder von bestimmtem Heraustreten ein, daß wir uns von diesen klebrigen Gewohnheiten wie Anhaften und Abhängigkeit lösen, die uns daran hindern, unsere Fähigkeiten als Menschen völlig zu entfalten.

Es gibt gewisse Zeiten in unserem Leben, in denen sich unsere Sinne von alleine von den Objekten zurückziehen und in denen wir sozusagen eine natürliche Loslösung oder Entsagung erfahren (siehe Kapitel zehn). Zu solchen Zeiten gibt es nichts zum Festhalten und nichts, woran unser Herz hängt. In solchen Zuständen kann nicht einmal das anziehendste Sinnesobjekt unseren Geist auf sich aufmerksam machen oder ablenken. Im allgemeinen sind wir jedoch alles andere als gelassen, wenn es um Objekte unserer Erfahrung geht. Ständig zieht uns ein endloser Strom von Sinneseindrücken an und hypnotisiert uns. Stets sind wir auf der Suche nach etwas Neuem und anderem, nach etwas, was uns anregen und interessieren könnte. Wenn wir ein Auto besitzen, dann reicht das nicht. Wir brauchen dann zwei. Und wenn wir zwei haben, dann reicht das immer noch nicht. Dann brauchen wir ein Boot. Und auch das Boot reicht uns nicht. Wir brauchen dann ein größeres. Und so geht das immer weiter. Endlos. Das ist Unzufriedenheit, das genaue Gegenteil eines wirklich entsagten oder losgelösten Geistes.

Wir müssen es auf irgendeine Art und Weise lernen, natürlich zu sein. Auf natürliche Weise unabhängig von materiellen Dingen zu werden, unabhängig von unserer Gier nach diesem und jenem. Ich sage das jetzt nicht, weil ich als rückständiger Tibeter eifersüchtig auf die wohlhabenden Menschen im Westen bin. Ich sage damit auch nicht, daß ihr schlechter seid, weil ihr reich bleibt, auch wenn andere arm sind. Ich versuche lediglich eine Antwort auf die Frage „Warum sind wir unzufrieden?" zu geben.

Es wird immer eine äußere Ursache geben, der wir die Schuld für unsere Unzufriedenheit zuschieben können. „Es gibt eben nicht genug von diesem und jenem." Aber das ist nie der wirkliche Grund für unsere Ruhelosigkeit und Enttäuschung. Das, was uns fehlt, tragen wir in uns. Und das müssen wir alle erkennen. Zufriedenheit hängt nicht von materiellen Dingen ab. Zufriedenheit entspringt aus Einfachheit, einem inneren Einfach-Sein.

Wenn ich von Loslassen spreche, dann meine ich damit, einfacher und gelassener zu werden. Loslasssen heißt nicht, völlig auf alles zu verzichten. Es bedeutet, euer Festhalten etwas zu lockern und euch zu entspannen. Es gibt jede Menge Freude auf der Welt. Solange ihr aber verspannt und voller Sorgen seid und ängstlich an Geld und Besitz festhaltet, macht euch euer Wohlstand bloß unglücklich. Wenn ihr euch nicht entspannen könnt und nicht wißt, wie ihr mit dem, was ihr habt, zufrieden sein könnt, wenn ihr es nicht versteht, die natürliche Schönheit eurer Umgebung zu würdigen und in Einfachheit zu leben, dann werdet ihr immer unglücklich sein, selbst wenn ihr alles Geld der Welt besitzt.

Entsagung bedeutet also nicht, daß wir unsere Freuden aufgeben sollen. Weit gefehlt! Die ganze Philosophie des Buddhismus im allgemeinen und die von Tantra im besonderen besteht darin, daß wir als Menschen mit einem in der Tat unbegrenzten Potential nach den höchstmöglichen Freuden streben sollten. Echte Entsagung gründet auf der Einsicht, daß unsere gewöhnlichen Freuden zweitklassig sind. Sie sind unerheblich, wenn wir sie mit der außergewöhnlichen Seligkeit vergleichen, die wir erfahren, wenn wir die in uns schlafenden Energien aufwecken und unsere höchsten Fähigkeiten entfalten. Unsere gewöhnlichen Freuden sind nicht nur zweitklassig, unser Festhalten an ihnen hindert uns daran, das höchste Glück umfassender Selbsterkenntnis zu erfahren. Unsere habgierige und enge Haltung wirkt wie ein Betäubungsmittel, das unsere natürliche Klarheit abstumpft. Immer tiefer verstricken wir uns so in die Welt der gewöhnlichen Erscheinungen, und immer weiter entfernen wir uns von unserem eigentlichen Wesen. Entsagung entwickeln heißt verstehen, wie unser gewöhnliches Vertrauen auf Vergnügungen uns daran hindert, dieses höhere vollständigere Glück zu erfahren.

Wenn wir anfangen, auf angemessene Art und Weise Entsagung zu entwickeln, geben wir uns selbst Urlaub von unserem zwanghaften und einschränkenden Vertrauen auf die Freuden der Sinne. Je mehr wir begreifen, daß diese Freuden uns das beständige Glück, nach dem wir uns sehnen, nicht schenken können, desto mehr lassen wir von unseren Erwartungen los und werden realistisch. Statt uns zu verkrampfen, weil wir entweder nach Freude verlangen oder sie voller Schuldgefühle zurückweisen, entspannen wir uns. Unangenehme Umstände machen uns dann nicht mehr so sehr zu schaffen, und wenn wir etwas Angenehmes erfahren, dann nehmen wir es gerne an, genießen die Freuden, die es uns schenkt, ohne nach mehr zu verlangen oder zu erwarten. Wir können uns so entspannen. Nicht nur weil wir verstehen, daß alles vergänglich ist, sondern auch weil wir uns auf eine höhere Art von Glück ausrichten: Die Erfüllung unseres wahren Wesens. Mit diesem transzendenten Ziel im Geist regen uns die flüchtigen Freuden, die wir erfahren, nicht übermäßig auf, noch werden wir niedergeschlagen, wenn etwas schief geht. Mit anderen Worten, statt als Lösung für unsere Unzufriedenheit Zuflucht zu den Objekten der Sinne zu nehmen, setzen wir unser Vertrauen in unsere eigenen Fähigkeiten.

FALSCHE ZUFLUCHT AUFGEBEN

Der Ausdruck „Zuflucht nehmen" stammt aus einem traditionellen Zusammenhang – der viele Male wiederholten buddhistischen Formel vom Vertrauen in die Lehrer, die Lehren und die geistige Gemeinschaft: „Ich nehme Zuflucht zu den Buddhas, ich nehme Zuflucht zum Dharma, ich nehme Zuflucht zum Sangha." Das weist darauf hin, daß Zufluchtnahme zu vergänglichen, flüchtigen Freuden etwas ist, was wir ständig mit fast religiös zu nennendem Eifer und Überzeugung tun. An einem Tag denken wir vielleicht: „O, ich bin so niedergeschlagen, ich glaube, ich gehe an den Strand", und so fahren wir ans Meer, springen ins Wasser und legen uns zum Braten in die Sonne. Wenn wir Langeweile verspüren, denken wir: „So, jetzt habe ich Hunger, wo ist denn nur der nächste Kiosk?" Dann stopfen wir uns mit möglichst viel künstlicher Nahrung voll und hoffen, dadurch etwas Befriedigung zu erleben, daß wir Speiseeis, Popcorn, Coca Cola und Schokolade hinunterschlingen. Wir nehmen zu diesen Dingen Zuflucht, um unserer Niedergeschlagenheit und Langeweile zu entkommen, und sitzen schließlich mit einem dicken Bauch und einem Sonnenbrand da.

Wenn man im Buddhismus von Zuflucht spricht, dann liegt

die Betonung darauf, daß es wichtig ist, aus dieser verzweifelten, fruchtlosen Suche nach Befriedigung auszubrechen. Wirkliche Zufluchtnahme beinhaltet eine Veränderung unserer Haltung. Sie entsteht, wenn wir sehen, daß die vergänglichen Phänomene, die uns üblicherweise anziehen, letztendlich ohne Wert sind. Wenn wir ganz klar sehen, wie wenig Zufriedenheit uns die Dinge bringen, denen wir hinterherjagen, dann läßt unser zwanghaftes Streben nach ihnen von alleine nach, und die treibende Kraft unserer Gier erlahmt. Wir lassen uns dann nicht mehr vom Wechsel des Glücks in unserem Leben hin- und herschleudern und gewinnen Raum, unser inneres Potential zu erschließen.

6 *Das Herz öffnen*

SELBSTSUCHT ODER HINGABE AN ANDERE?

Bislang wurde der geistige Weg in Begriffen von eigener Erfüllung beschrieben. Wenn wir erkennen, daß die eingefahrene Gewohnheit, uns auf Objekte unseres Verlangens zu beziehen, uns in einem Kreislauf fortwährender Unzufriedenheit gefangen hält, werden wir immer stärker motiviert, die tieferen Schichten unseres Wesens zu beleben. Sinn dessen ist es, eine Art von Frieden und Glück zu erfahren, die stabil und verläßlich ist, so daß uns die wechselnden Umstände des Lebens nicht aus der Ruhe bringen können und der Lauf der Zeit uns nichts anhaben kann. Aber auch diese hohe Absicht, Erlösung von dem enttäuschenden Kreislauf von Verlangen und Unzufriedenheit zu erlangen, ist noch nicht alles. Warum nicht? Weil wir uns immer noch lediglich um unser eigenes Wohlbefinden sorgen. Früher richteten sich unsere Wünsche vielleicht ausschließlich auf die Objekte der Sinne, während es uns jetzt – durch das Entwickeln von auch nur ein klein wenig Entsagung – um die Realisierung unserer tiefsten Fähigkeiten geht. Doch liegt das Gewicht immmer noch auf dem „*ich* will dies, *ich* will das."

Diese engstirnige Sorge um unser eigenes Glück und unsere eigene Befreiung macht es uns unmöglich, das riesige Potential unseres menschlichen Herzens und Geistes zu erkennen und zu entfalten. Eine solche ichbezogene Sorge bewertet das Wohlbefinden eines einzigen Wesens – von uns selbst – höher als das der zahllosen anderen, die die Schwierigkeiten des Lebens mit uns teilen. Diese äußerst begrenzte Sichtweise verschließt notwendigerweise unser Herz. Selbst wenn wir es nicht so ausdrücken, so haben wir doch das Gefühl: „Ich bin die wichtigste Person auf der ganzen Welt, die Schwierigkeiten von anderen gehen mich nichts an, nur mein eigenes

Glück zählt!"

Solange wir uns so krampfhaft auf unser eigenes Glück ausrichten – gleichgültig, ob es dabei um irdische oder letztendliche Ziele geht – werden wir nie die Weite eines wirklich offenen Herzens erfahren. Wir können diese umfassende Vision, vollständige Erleuchtung, nur verwirklichen, wenn wir die Enge dieser selbstsüchtigen Haltung überwinden. In den Lehren aller hochentwickelten Männer und Frauen der Vergangenheit heißt es sehr klar, daß diese enge, selbstsüchtige Gewohnheit des Geistes nur zum spirituellen Erstickungstod führt. Wenn wir wirklich unser höchstes Potential entfalten wollen – oder auch nur ein gewisses Maß an irdischer Zufriedenheit im Alltag erreichen möchten–, dann müssen wir diese Selbstsucht überwinden und uns so weit wie möglich dem Wohlergehen von anderen widmen. Das ist der einzige Weg, ein völlig offenes Herz zu entwickeln. Der einzige Weg zu beständigem, dauerndem Glück.

Mit Widmen ist folgendes gemeint: Wenn wir eine gewisse Atmosphäre positiver Energie in uns entwickelt haben, so beschließen wir, dieses Glück, so gut es geht, mit anderen zu teilen. Der buddhistischen Psychologie zufolge werdet ihr nie völlig zufrieden sein, wenn ihr nicht in einem gewissen Maße Hingabe an andere entwickelt. Stattdessen werdet ihr in Langeweile und Einsamkeit versinken. In seinem tantrischen Text *Gaben an den geistigen Meister* sagt der Panchen Lama: „Selbstsucht ist die Ursache von allem Unglück und aller Unzufriedenheit, die Wertschätzung anderer als wertvoller als wir selbst dagegen die Grundlage aller Verwirklichungen und allen Wissens. Schenkt mir die Kraft eurer Eingebung, meine Selbstsucht in Sorge für andere zu verwandeln." Das ist keine komplizierte philosophische Theorie, sondern eine ganz einfache Aussage. Wenn wir herausfinden wollen, ob unsere Selbstsucht Ursache von aller Verwirrung und Enttäuschung ist, dann brauchen wir uns lediglich unsere eigene Lebenserfahrung anzuschauen.

Der Panchen Lama macht im weiteren den Vorschlag, uns anzuschauen, was Buddha Shakyamuni mit seinem Leben getan hat. Er gab all sein Anhaften an sich selbst auf, widmete sich ganz und gar dem Wohlergehen von anderen und erreichte als Ergebnis dessen die unübertroffene Seligkeit vollständiger Erleuchtung. Jetzt schauen wir unser Leben an. Wir sind besessen von diesem „ich, ich, ich“, und das einzige, was wir damit erreicht haben, ist Unglück und Enttäuschung ohne Ende. Das ist ein ganz einfacher, freimütiger Vergleich. Wir brauchen uns nicht auf die Autorität eines Panchen Lama oder einer anderen Person zu stützen, um die Wahrheit dieser Aussage zu erkennen. Alle Beweise dafür finden sich in unserem eigenen Leben und im Leben von anderen. Überprüft das sorgfältig und es wird klar, daß engherzige Selbstsucht immer zu Enttäuschungen führt. Und es ist gleichermaßen offensichtlich, daß offenherzige Hingabe an andere Glück und Wohlbefinden mit sich bringt.

DAS OFFENE HERZ DER BODHICITTA-MOTIVATION

Wir haben schon gesehen, wie unser gewohntes Anhaften an Sinnesobjekten uns daran hindert, das Glück und die Zufriedenheit zu erfahren, die wir uns alle wünschen. Wenn wir aufrichtig die höchste menschliche Freude erlangen möchten, müssen wir unserem Geist durch das Entwickeln von Entsagung Raum geben. Das heißt, wir müssen unserem gewohnten Festhalten an Freuden entsagen, um *echte* Freude erfahren zu können. In ähnlicher Weise gilt, daß wir, solange wir von der Sorge um unser eigenes Glück besessen sind, das erhabene Glück eines voll erleuchteten Geistes nie erfahren werden. Anders ausgedrückt, wenn wir die höchstmögliche menschliche Bestimmung erreichen wollen, müssen wir auch die höchstmögliche Motivation für den geistigen Weg entwickeln.

Im Buddhismus wird die höchste Motivation *bodhicitta* genannt. Damit ist der Impuls gemeint, volle Erleuchtung *(bodhi* oder Buddhaschaft) zu erlangen, und zwar allein, um von höchstem Nutzen für andere zu sein. Nur wenn wir voller

Hingabe für das Glück aller Wesen arbeiten – oder anders ausgedrückt, das offene Herz von Bodhicitta entwickeln – können wir einmal höchstes Glück für uns selbst erfahren.

Die hingebungsvolle Haltung von Bodhicitta ist eine kraftvolle Energie, die unseren Geist völlig verwandeln kann. Diese Wahrheit können wir anhand unserer eigenen Erfahrung erkennen. Das brauchen wir nicht in blindem Glauben anzunehmen. Wenn ihr in eurem Herzen Bodhicitta entwickelt habt, zieht ihr alle guten Dinge des Lebens wie ein Magnet an. Ohne Anstrengung regnen sie auf euch herab. Weil im Augenblick unser Herz voller selbstsüchtiger Gedanken steckt, scheinen wir nur Unglück anzuziehen. Mit Bodhicitta ziehen wir von alleine gute Freunde, gutes Essen und überhaupt nur Gutes an.

Der Dalai Lama hat gesagt: „Wenn ihr schon selbstsüchtig sein wollt, dann seid es auf *weise* Art.“ Was meint er mit diesem seltsam klingenden Rat? Auf eine Art ist Bodhicitta eine Haltung riesiger Selbstsucht. Wenn ihr euch anderen in liebevoller Hinwendung widmet, erlangt ihr dadurch sehr viel mehr Glück, als ihr es je erfahren habt. Für gewöhnlich gibt es für uns nur wenig Glück und das, was wir erfahren, geht sehr leicht wieder verloren. Wenn wir also so glücklich wie möglich sein wollen, dann besteht unsere einzige Aufgabe darin, uns mit ganzem Herzen dem Wohlergehen von anderen zu widmen.

FREIHEIT VON SELBSTSUCHT

Wir sollten nicht meinen, Bodhicitta sei eine „religiöse“ Haltung, etwas, an das wir glauben müssen und nur in blindem Vertrauen annehmen können. Diese Haltung tiefsten Mitgefühls ist ein unmittelbares Ergebnis der klaren Einsicht in unser wahres Wesen und das von anderen. Immer wenn wir uns nur um uns selbst sorgen, erscheinen unsere Schwierigkeiten unüberwindlich. Wenn wir uns in unseren Gedanken nur mit uns selbst beschäftigen, „ich, ich, ich“, sind wir voller

Sorgen und Angst. „Vielleicht bin ich nicht schön genug; die anderen mögen mich wahrscheinlich gar nicht; wer weiß, ob ich Erfolg habe." Und so geht es ständig. Alles, was mit diesem „Ich" zusammenhängt, wird zu einem Problem, zu einer Sorge und Bedrohung unseres Wohlbefindens und unserer Sicherheit.

Die einzige Art und Weise, wie wir von dieser neurotischen Besessenheit von uns selbst frei werden können, besteht darin, daß wir unser Herz für andere öffnen. Wenn uns das Wohlergehen von jemand anderem wirklich am Herzen liegt, dann hören wir von alleine damit auf, uns um unsere Schwierigkeiten zu sorgen. Zumindest für eine Weile. Und wenn Mitgefühl für andere an die Stelle von Selbstmitleid tritt, werden wir verborgene Schätze von Stärke und Weisheit in uns entdecken. Man kann sagen, daß schon allein das Entwickeln dieser mitfühlenden Bodhicitta-Haltung eine Art Erleuchtungserfahrung darstellt. Wenn wir in unserem Herzen diesen offenen Raum schaffen, entfalten wir umfassendere Eigenschaften. Statt uns in unserer kleinen, armseligen Wirklichkeit eingesperrt zu fühlen, bewegen wir uns im weiten Raum universeller Anliegen. Und das allein befreit uns schon von den meisten unserer Schwierigkeiten.

Sehr häufig veranstalten wir um unbedeutende Ereignisse in unserem Leben ein Riesentheater und machen so aus einer Mücke einen Elefanten. Mit der Entfaltung der allumfassenden Sicht von Bodhicitta werden diese kleinen Sorgen jedoch unwichtig und jagen uns keine Angst mehr ein. Wenn die Bürde der Selbstsucht auf diese Weise von unseren Schultern genommen wird, erlangen wir einen kleinen Vorgeschmack auf die vollständige Befreiung, die mit spiritueller Erfüllung einhergeht. Erfahrungen wie diese machen uns Mut, weil sie uns in überzeugender Weise den praktischen Wert der Schulung und Umwandlung unseres Geistes vorführen.

FALSCHE VORSTELLUNGEN ÜBER BODHICITTA

Wenn manche Menschen das erste Mal etwas über Bodhicitta hören, dann verwechseln sie es mit einem sentimentalen, höchst emotionalen Geisteszustand. „Oh, ich möchte so sehr, daß alle Menschen glücklich sind. Ich ertrage es nicht, daß sie leiden!" Und sie fühlen sich so überwältigt von den Nöten der anderen, daß sie ganz niedergeschlagen werden. Echtes Bodhicitta ist aber anders. Es hat nichts zu tun mit einem derart aufgeregten und zugleich gelähmten Geisteszustand. Bodhicitta ist eine klare und entspannte Haltung, voll ruhiger Weisheit und tiefempfundenem Mitgefühl. Es ist eine Haltung, in der wir unser Herz völlig öffnen und es so weit offen wie möglich lassen.

Es gibt noch eine weitere falsche Auffassung, die viele Menschen entwickeln, wenn sie das erste mal etwas über Bodhicitta hören. Da es nötig ist, unser inneres Potential ganz zu entfalten, wenn wir anderen am besten und umfassendsten helfen wollen, glauben sie, daß sie, bevor sie nicht selbst Buddhas geworden sind, anderen *überhaupt nicht* helfen können. „Zuerst muß ich viele Jahre lang studieren", denken sie, „und dann kann ich mit der Übung meines Geistes anfangen. Viel, viel später kann ich vielleicht Bodhicitta entwickeln und dann, wenn ich irgendwann in ferner Zukunft Erleuchtung erlangt habe, kann ich damit beginnen, anderen zu helfen."

Eine solche Haltung ist völlig verkehrt. Wir belasten uns nur mit einer starren Vorstellung, wie die Entwicklung unseres geistigen Lebens vor sich gehen sollte. Das ist lediglich eine weitere Zwangsjacke, eine weitere Phantasie. Wenn wir ganz fest an ein solch starres Lebensprogramm glauben, dann werden wir unversehens vom Tod überrascht und haben noch nicht einmal einen Anfang gemacht.

In Wirklichkeit läuft die Sache anders. Auch wenn wir gerade erst anfangen, Liebe, Mitgefühl, Weisheit und all die anderen Einsichten zu entwickeln, die zur Erleuchtung führen, können wir anderen schon helfen. Erstens nutzen wir anderen schon alleine dadurch, daß wir ein einfaches Leben führen und uns von Herzen um die Überwindung unserer Selbstsucht bemühen. Und zweitens hat jede Stufe der geistigen Entwicklung – von der ersten bis zur letzten – ihre eigene Kraft und Befähigung. In Abhängigkeit von der Stufe, die wir erreicht haben, können wir anderen in eben diesem Ausmaß helfen. Realistischerweise sollten wir bereit sein, anderen nach Maßgabe unserer derzeitigen Fähigkeiten zu helfen. Der Gedanke, daß wir nichts tun können, bevor wir nicht Erleuchtung erlangt haben, ist in der Tat egoistisch und dumm. Er zeugt von einem grundlegenden Mißverständnis darüber, worum es bei der spirituellen Schulung überhaupt geht.

Dieses Mißverständnis steht in Zusammenhang mit einer Haltung, die wir schon unser ganzes Leben besitzen. In unserer Schulzeit haben wir z.B. gedacht: „Ich muß jetzt diese langweiligen Fächer lernen, damit ich später meine Prüfungen bestehe, ein gutes Abschlußzeugnis erhalte, eine gute Arbeit finde und viel Geld verdiene. *Dann* werde ich glücklich sein." Das ganze Gewicht liegt auf der Zukunft. „*Wenn* ich erst einmal genug Geld verdiene; *wenn* ich eine eigene Wohnung habe; *wenn* ich pensioniert bin." Sehr leicht übertragen wir diese Haltung auf unsere spirituelle Praxis: „Wenn ich mit der Übung fertig bin; wenn ich Erleuchtung erlangt habe." Wenn ihr so denkt, dann macht ihr euch etwas vor. Diese Traumphantasie von einer unwirklichen Zukunft macht auch unser gegenwärtiges Handeln unwirklich. Ihr müßt unbedingt begreifen, daß echte Praxis etwas ist, was wir jetzt im Augenblick tun. Tag für Tag. Wir tun, was wir können, mit der Weisheit, die uns zur Verfügung steht, und widmen alles dem Wohl von anderen. Wir leben unser Leben einfach so gut wir es vermögen. Schon das allein tut anderen ungeheuer gut. Wir brauchen nicht zu warten, bis wir Buddhas sind. Wir können jetzt schon anfangen zu handeln.

GLEICHMUT - DIE GRUNDLAGE FÜR ALLUMFASSENDES MITGEFÜHL

Wenn ihr ein klares und einfaches Verständnis von der Philosophie und Psychologie von Bodhicitta habt und euch bemüht, in eurem Leben danach zu handeln, dann ist das gut genug. Wenn ihr versucht, in allen euren Handlungen mit diesem offenen Herzen von Bodhicitta und der Hingabe an andere zu experimentieren, dann reicht das als spirituelle Praxis. Das ist gut genug. Natürlich ist die Entwicklung von wirklichem Bodhicitta – dem Geisteszustand, in dem wir uns von alleine mehr um andere als um uns selbst kümmern – eine tiefgründige Verwirklichung. Es liegt noch ein langer Weg vor uns, bevor wir das erreicht haben. Aber wir entwickeln ein völlig offenes Herz nicht dadurch, daß wir uns das nur wünschen. Wir müssen uns einer langwierigen und in Stufen verlaufenden Schulung unterziehen.

Für mich liegt die Schönheit des Buddhismus darin, daß er uns eine praktische Schulung für unseren Geist anbietet. Im Buddhismus heißt es nicht: „Bodhicitta ist phantastisch, weil der Buddha das so gesagt hat!“ Statt dessen gibt er uns Methoden an die Hand, mit denen wir eine solche Haltung entwickeln können. Wir können dann für uns selbst entscheiden, ob die Sache funktioniert oder nicht. Ob es tatsächlich etwas Phantastisches ist oder nicht.

Diesen Methoden zufolge ist das erste, was wir brauchen, ein Sinn für Gleichmut oder inneres Gleichgewicht. So wie ein ebener Grund als Fundament für ein Haus dient, so ist Gleichmut – eine unvoreingenommene Haltung gegenüber allen Wesen – Grundlage für die Entwicklung von Bodhicitta. Die Erfahrung früherer Meditierer besagt, daß man mit solchem Gleichmut sehr schnell und sehr leicht Bodhicitta entwickeln kann. Wegen unserer tiefverwurzelten Gewohnheit, sehr genau zwischen Freunden, Feinden und Fremden zu unterscheiden, ist es nicht einfach, eine solche Ausgeglichenheit des Geistes zu erlangen. Mit unserem übermäßigen begehrlichen Verlangen verhaften wir uns und hängen an unseren guten Freunden. Mit Abneigung und Haß lehnen wir diejenigen ab, die wir nicht mögen, und gleichgültig verschließen wir unsere Augen gegenüber den unzähligen Menschen, die uns weder zu schaden noch zu nützen scheinen. Solange unser Geist derart unter der Kontrolle von Verhaftung, Abneigung und Gleichgültigkeit steht, gelingt es uns nie und nimmer, das kostbare Bodhicitta in unserem Herzen zu entwickeln.

Gleichmut ist keine intellektuelle Vorstellung. Er ist nicht einfach ein weiterer Gedanke oder ein weiteres Konzept, mit dem wir herumspielen können. Er ist ein Geisteszustand, eine besondere Eigenschaft unseres Bewußtseins, die wir durch ständiges Vertrautmachen erlangen können. Damit das geschieht, müssen wir uns wirklich Mühe geben. Anders ausgedrückt müßt ihr euren Geist schulen und eure grundlegende Haltung gegenüber anderen ändern. Wenn ich z.B. einer Gruppe zum ersten Mal bei einem Meditationskurs begegne, dann habe ich allen gegenüber das gleiche Gefühl. Ich kenne keinen von ihnen von früher – wie frische Pilze scheinen sie plötzlich da zu sein –, und ich habe noch keine Gelegenheit gehabt, einem von ihnen gegenüber Anhaftung oder Abneigung zu entwickeln. Sie scheinen für mich alle gleich zu sein. Ich kann nun dieses unvoreingenommene Gefühl von Gleichmut, das ich diesen neuen, unbekannten Wesen gegenüber empfinde, auf andere übertragen. Wenn ich es auf meinen guten Freund, an dem ich hänge, und auf meine Feinde und Kritiker, die ich nicht mag, anwende, dann fange ich damit an, echten Gleichmut gegenüber beiden zu entwickeln.

Es gibt eine ausführliche Meditationsübung zur vollständigen Entwicklung von solchem Gleichmut. Ich möchte sie ganz kurz erwähnen. Stellt euch vor, daß ihr von drei Menschen umgeben seid: von eurem liebsten Freund, eurem schlimmsten Feind und einem völlig Fremden. Ihr könnt euch den Freund hinter euch und den Feind vor euch vorstellen, und ihr seid umgeben von allen anderen Wesen in menschlicher Gestalt. Wenn ihr sie alle um euch versammelt habt, dann untersucht sorgfältig die Gefühle, die ihr für jeden dieser drei Menschen empfindet und überprüft, warum ihr sie in diese Kategorien einordnet.

Wenn ihr euch fragt: „Warum fühle ich mich eigentlich nur dem einen nah und dem anderen nicht?“, dann entdeckt ihr vermutlich, daß eure Begründungen sehr oberflächlich sind und sich auf einige wenige, ausgewählte Ereignisse stützen. Ihr nennt die erste Person z.B. euren Freund, weil ihr immer, wenn ihr an ihn oder sie denkt, Augenblicke von Zuneigung oder Freundlichkeit erinnert. Und die zweite Person erscheint euch als Feind, weil ihr euch an einige besonders abscheuliche Dinge erinnert, die er oder sie euch angetan oder gesagt hat. Was die dritte Person angeht, so nennt ihr sie einen Fremden, weil ihr euch nicht daran erinnern könnt, daß sie euch jemals geholfen oder verletzt hat.

Eure Argumente für die unterschiedlichen Reaktionen weisen offensichtliche Widersprüche auf. Wenn ihr eure Erinnerungen ehrlich durchsucht, dann findet ihr mit Sicherheit viele Beispiele, in denen die drei Personen nicht nahtlos in die Kategorien passen, in die ihr sie so rigide gesteckt habt. Ihr könnt euch vielleicht noch sehr gut an Zeiten erinnern, in denen der Feind, den ihr jetzt so verachtet, euch freundlich behandelt und in denen der Freund, für den ihr jetzt so viel übrig habt, euch verärgert hat. Vielleicht sogar daran, daß die Person, die euch jetzt gleichgültig ist, große Bedeutung für euch hatte. Wenn ihr über diese Dinge wirklich nachdenkt, dann könnt ihr unmöglich damit fortfahren, diese Menschen derart voreingenommen zu betrachten, wie ihr das jetzt tut. Und wenn ihr darüber nachdenkt, daß jedes Lebewesen euch in vergangenen Leben – und da gibt es keinen Anfang – in gleichem Maße mit Freundlichkeit und Unfreundlichkeit behandelt hat wie Freund und Feind in diesem Leben, dann könnt ihr sie alle als gleich ansehen, in dem Sinne, daß sie immer und immer wieder Freund, Feind und Fremder für euch waren.

Wenn ihr euren Geist auf diese Weise schult, dann beginnen eure Gefühle von Anhaftung an euren Freund, Abneigung gegen euren Feind und Gleichgültigkeit gegenüber dem

Fremden nachzulassen. Das ist dann ein Anzeichen dafür, daß ihr anfangt, eine gewisse Erfahrung von Gleichmut zu machen. Bleibt bei diesem Gefühl. Mit der Zeit und mit Übung wird es zu eurem Geist gehören.

Die Meditation über Gleichmut ist der beste Weg zur geistigen Gesundheit. Statt eurem Therapeuten hundert Mark für eine Sitzung zu bezahlen meditiert lieber über Geichmut! Schließt eure Augen, ignoriert alle körperlichen Empfindungen, laßt die Wahrnehmung der fünf Sinne, und gestattet euch, euch tief in das intensive Gewahrsein der Erfahrung von Gleichmut zu versenken. Ihr werdet dadurch ganz bestimmt ausgeglichener, offener und friedvoller. Selbst wenn ihr nur für zehn Minuten auf diese Weise meditiert, sieht die Welt gleich anders aus.

Es gibt ein allgemein verbreitetes Mißverständnis über die Entwicklung von Gleichmut. Einige glauben, es bedeute, allem gegenüber gleichgültig zu werden. Sie haben Angst, daß, wenn sie ihre Verhaftung an Familie und Freunde aufgeben, ihre Liebe und Zuneigung verschwindet. Darum braucht ihr euch keine Sorgen zu machen. Wenn wir echten Gleichmut besitzen, dann können wir unser Herz niemandem gegenüber verschließen.

Je mehr wir uns darin schulen, die grundlegenden Eigenschaften von jedem zu sehen – wenn wir einmal die eingeschliffene Neigung überwunden haben, sie in starre Kategorien von Freund, Feind und Fremden zu stecken –, desto weiter öffnet sich unser Herz, und unsere Liebesfähigkeit steigert sich ins Unermeßliche. Wenn wir uns von voreingenommenen Sichtweisen freimachen, dann verstehen wir völlig, daß jeder, ohne Ausnahme und mit vollem Recht, den Wunsch hat, glücklich zu sein und auch das geringste Leiden vermeiden möchte. Aus diesem Grund können wir auf der Grundlage von Gleichmut allumfassende Liebe und allumfassendes Mitgefühl entwickeln und schließlich die vollständige Verwirklichung von Bodhicitta: das offene Herz, das sich ganz und gar dem letztendlichen Wohl von allen widmet.

BODHICITTA – NOTWENDIG FÜR DIE PRAXIS VON TANTRA

Wir müssen unbedingt Bodhicitta entwickeln, wenn wir mit Erfolg Tantra praktizieren wollen. Alle Meister sind sich darin einig, daß wir als angemessene Voraussetzung für tantrische Übungen eine kraftvolle Bodhicitta-Motivation besitzen müssen. Wirklich qualifizierte tantrische Praktizierende möchten auf dem schnellsten Weg Erleuchtung erlangen, aber nicht aus dem Verlangen nach eigener Befreiung, sondern aus einem Mitgefühl heraus, das die Leiden der anderen Wesen nicht ertragen kann. Sie begreifen, daß die anderen, die auf Hilfe angewiesen sind, umso länger auf diese Hilfe warten müssen, je länger sie brauchen, um Erleuchtung zu erlangen. Das blitzschnelle Fahrzeug des Tantra ist aus diesem Grunde für die Menschen geeignet, die anderen so viel und so schnell wie möglich helfen wollen.

Obgleich Bodhicitta die wichtigste Voraussetzung für die Praxis von Tantra ist, kann man sagen, daß auch das gerade Gegenteil zutrifft: Sinn und Zweck von Tantra bestehen darin, das Ausmaß unseres Bodhicitta zu erweitern.

Es gibt so viele tantrische Gottheiten – Avalokiteshvara, Manjushri, Tara und so fort –, in deren Praxis wir eingeweiht werden können. Wozu das alles? Was ist Sinn und Zweck all dieser Übungen? Kein anderer als der, das hingebungsvolle Herz von Bodhicitta zu entwickeln und zu erweitern. Es gibt wirklich keinen anderen Grund für alle diese Gottheiten. In der Tat sind alle tantrischen Gottheiten ohne Ausnahme für die Entwicklung von kraftvollem Bodhicitta da.

Nehmen wir als Beispiel die Praxis des tausendarmigen Chenresig. Der einzige Grund dafür, daß wir unser Bewußtsein als göttliches Wesen mit tausend Armen manifestieren, liegt darin, daß wir damit tausend leidenden Wesen Hilfe leisten können. Aus welchem anderen Grund sollte man sonst so viele Arme brauchen? Und wenn ihr euch in dieser Manifestation nicht wohl fühlt, dann könnt ihr diese Meditationen auf eure eigene Kultur beziehen und euer innerstes Wesen als

Jesus, als Heiligen Franziskus oder irgendein anderes heiliges Wesen manifestieren.

Wir müssen verstehen, daß z.B. Jesus und Avalokiteshvara genau das gleiche bedeuten. Ihr Kern, ihr Wesen ist selbstlose Hingabe und Dienst an anderen. Wenn wir daher versuchen, wie sie zu sein – durch die Praxis von Tantra, durch Gebete oder andere Methoden –, dann nur um fähig zu werden, anderen auf die gleiche selbstlose Weise dienen zu können. Diese selbstlose Hingabe an andere ist die eigentliche Bedeutung von Bodhicitta und aus diesem Grund ist sie nicht nur die Hauptvoraussetzung für die Praxis von Tantra, sondern auch die bedeutendste Frucht dieser Übung.

Tara

7 Selbstgeschaffene Grenzen auflösen

DIE LAST FALSCHER ANSICHTEN

Wir haben bisher gesehen, wie die beiden Voraussetzungen für eine reine tantrische Praxis – Entsagung und Bodhicitta – uns helfen, Raum für die Entdeckung unseres wahren Wesens zu schaffen. Entsagung entkrampft unser gewohntes Festhalten an Freude und schwächt unser Vertrauen darauf, daß uns äußere Dinge Befriedigung schenken können. Bodhicitta wirkt der Haltung der Selbstsucht entgegen, mit der wir uns auf Kosten von anderen nur um unser eigenes Wohlergehen sorgen. Jetzt wenden wir uns der dritten grundlegenden Voraussetzung zu: der Entfaltung der korrekten Sicht.

In diesem Kontext bedeutet korrekte Sicht die Weisheit, die klar erkennt, wie wir selbst und alle anderen Phänomene tatsächlich existieren. Diese Weisheit ist das eigentliche Gegenmittel für alle falschen Vorstellungen darüber, wer wir selbst sind und wie die Welt wirklich existiert. Solange wir unter der Last dieser falschen Sicht leben, bleiben wir in der Welt unserer eigenen Projektionen gefangen und sind dazu verdammt, ständig in unserem selbstgeschaffenen Kreislauf von Unzufriedenheit herumzuwandern. Wenn es uns gelingt, diese falschen Sichtweisen auszumerzen und sie vollständig zu beseitigen, erfahren wir all die Freiheit, den Raum und das mühelose Glück, die wir uns derzeit versagen.

Die Verwirklichung dieser korrekten Sicht ist nichts Geheimnisvolles. Es geht nicht darum, in den Himmel zu starren und um ein bißchen Weisheit zu beten. Es ist nicht so, daß sich die falsche Sichtweise irgendwo hier auf der Erde und die rechte Sicht oben im Himmel befinden. Wir sollten auch nicht annehmen, die falsche Sicht sei in den verschmutzten Städten im Westen zu Hause und die rechte Sichtweise in der reinen Luft der Himalayas. So sieht das nicht aus. Die rechte Sicht ist überall zu finden. Jederzeit. Das wundervolle Antlitz der Wirklichkeit gibt es in *allen* Phänomenen. Hier und jetzt. Wir müssen nur die vielen Schichten unserer eigenen Projektionen beseitigen, die die reine Sicht der Wirklichkeit behindern. Der Fehler liegt bei uns. Und die Lösung ebenso.

Immer wenn wir uns an der Vorstellung festhalten, daß wir auf eine bestimmte Art und Weise existieren, fallen wir einer Täuschung zum Opfer. Jedes Mal wenn wir uns im Spiegel anschauen, haben wir fixe Vorstellungen – „Wie sehe ich heute bloß wieder aus? Ich möchte wirklich nicht, daß *mich* irgendjemand so sieht!“ – obwohl wir uns in Wirklichkeit dauernd ändern. Wir verändern uns von einem Augenblick zum nächsten, haben aber stets das Gefühl von einer Art beständigem, unveränderlichem Wesen.

Unsere Sichtweise der äußeren Welt ist genauso verwirrt. Unsere Sinnesorgane nehmen die Dinge gewohnheitsmäßig dualistisch wahr. D.h. jedes Sinnesobjekt, das uns erscheint, scheint von seiner eigenen Seite her als etwas Konkretes und Unabhängiges zu existieren. Wir meinen, bloß weil wir sehen, hören, riechen, schmecken und berühren können, daß die Objekte wirklich da sind und dort draußen so solide aus sich selbst heraus existieren, wie wir sie wahrnehmen. Doch ist diese konkrete Vorstellung, die wir von ihrer Existenz haben, ebenfalls eine Täuschung und hat ganz und gar nichts mit ihrer Wirklichkeit zu tun.

Es braucht Zeit, Übung und klare Untersuchung, um diese tiefverwurzelte falsche Sichtweise zu begreifen und die Art und Weise zu entdecken, wie die Dinge wirklich existieren. Wir können damit aber schon jetzt anfangen, indem wir das, was unserem Geist erscheint, hinterfragen. Sobald wir merken, daß wir an einer starren Ansicht von uns festhalten: „Ich bin so und so; ich sollte so und so sein“, sollten wir daran denken, daß diese Sichtweise lediglich eine Phantasie, eine flüchtige Projektion unseres Geistes ist. Wir sollten auch nicht passiv annehmen, daß äußere Dinge in der konkreten, unabhängigen Art und Weise existieren, wie sie uns erscheinen. Es ist besser, ein wenig mißtrauisch gegenüber dem zu sein, was uns unsere Sinne und unsere gewöhnlichen Vorstellungen mitteilen, so wie ein kluger Käufer, der einen Gebrauchtwagen sucht, auch nicht gleich alles glaubt, was der Händler behauptet.

TRÄUME UND LEERHEIT

Wenn wir verstehen möchten, wie wir normalerweise von unseren unrealistischen Projektionen in die Irre geführt werden und wie wir uns von ihrem Einfluß freimachen können, dann ist es hilfreich, sie in Analogie zu Träumen zu sehen. Wenn wir am Morgen aufwachen, wo sind dann all die Menschen, von denen wir gerade geträumt haben? Woher kamen sie? Wohin sind sie verschwunden? Gibt es sie wirklich oder nicht? Natürlich nicht. Diese Traum-Menschen und ihre Traum-Erfahrungen sind alle aus unserem schlafenden, träumenden Geist entstanden. Sie waren nur so lange wirklich, wie wir uns im Traum befanden. Für den wachen Geist am nächsten Morgen sind sie lediglich flüchtige Erinnerungen. Im Schlaf schienen sie wirklich. So als gäbe es sie draußen, als hätten sie eine unabhängige Existenz außerhalb von uns. Wenn wir aufwachen, erkennen wir allerdings, daß sie nur Projektionen unseres Traumgeistes sind. Gleichgültig, wie wirklich sie uns schienen, diese Menschen besitzen in der Tat nicht ein Atom Selbstexistenz. Leer von jeglicher objektiver Existenz sind sie nur Halluzinationen unserer Traum-Erfahrung.

In ähnlicher Weise ist alles, was wir im Wachzustand erfahren, einschließlich unseres starken Selbstgefühls, ebenso leer von wahrer Existenz. Trotz ihrer konkreten Erscheinung irgendwo da draußen, existieren diese Phänomene in der Tat überhaupt nicht von ihrer eigenen Seite. Nur solange unser gewöhnlicher, konventioneller Geist funktioniert oder eingeschaltet ist, existieren diese relativen Phänomene für uns.

Würden wir diesen gewöhnlichen Geist abschalten, so würden diese gewöhnlichen Phänomene unserem Geist nicht mehr erscheinen.

Worum es hier geht ist folgendes: Die Menschen und Dinge, die die Welt der Sinne für uns ausmachen, existieren nicht in der objektiven Art und Weise, wie sie uns jetzt erscheinen. Diese Erscheinungen sind lediglich Manifestationen unseres gewöhnlichen Bewußtseins. Mit unserem leichtgläubigen Geist halten wir sie für wahr oder benennen sie so. Unser Hauptproblem besteht allerdings nicht darin, daß uns Dinge selbstexistent *erscheinen*, sondern daß wir die Erscheinung für die Wirklichkeit *halten.*

Diese Gewohnheit, an bloß konventionelle Erscheinungen zu glauben oder an ihnen festzuhalten, als ob sie echt und letztendlich wirklich seien, ist uns seit anfangloser Zeit eigen. Es ist keine neu erlernte philosophische Sicht. Deshalb fällt es uns auch nicht leicht, sie aufzugeben. Wir können aber langsam damit beginnen, indem wir begreifen, daß die gewöhnliche Art und Weise, wie wir die Wirklichkeit sehen, verblendet und unser instinktiver Glaube an die Selbstexistenz der Dinge eine falsche Vorstellung ist. Sie hat überhaupt nichts damit zu tun, wie die Dinge wirklich existieren. Wenn wir auch nur soviel verstehen, fangen wir an, uns von unseren leichtgläubigen Gewohnheiten zu befreien. Damit beginnt unser Erwachen.

ICHSUCHT UND UNSICHERHEIT

Nicht nur die äußeren Dinge sind leer von der soliden, objektiven Wirklichkeit, die wir auf sie projizieren, das gleiche gilt auch für unser inneres Selbstgefühl. Instinktiv haben wir das Gefühl, daß wir als etwas sehr Wirkliches, Bestimmtes und Körperliches existieren. Es gibt für uns überhaupt keinen Zweifel an diesem wirklichen Ich, und es scheint uns absurd, es für ein Trugbild zu halten. Wenn wir uns jedoch die Mühe machen und nach diesem angeblich konkreten Ich suchen, so merken wir, daß wir es nirgendwo finden können. Weder unser Arm noch unser Bein noch irgend ein anderer Körperteil ist unser Ich. Und das gleiche gilt für unseren Geist. Keiner der zahllosen Gedanken oder Gefühle, die ständig entstehen und vergehen, ist das wirkliche Ich. Und natürlich finden wir dieses solide Selbstgefühl auch nicht irgendwo außerhalb dieser Verbindung von Körper und Geist. Obgleich wir also nirgendwo ein unabhängiges, selbstexistentes Ich entdecken können – weder innerhalb von Körper und Geist noch außerhalb – halten wir doch in der Tiefe unseres Herzens ganz stark daran fest, so als ob es etwas höchst Wirkliches wäre. Dieser angeborene Glaube an etwas, was nicht wirklich ist, diese grundlegende Wurzel aller unserer Probleme, kann man „Festhalten am Ego" oder „Ichsucht" nennen. Diesen falschen Glauben mußten wir nicht erst lernen. Er begleitet uns – einem Instinkt gleichend – seit unserer Geburt. In der Tat war es in erster Linie dieses Festhalten am Ego, diese Ichsucht, die uns dazu getrieben hat, geboren zu werden.

Wie hält nun die Ichsucht an ihrer falschen Sicht fest? Wir können eine allgemeine Vorstellung davon erhalten, wenn wir unsere Gedanken von Augenblick zu Augenblick betrachten. „Wie interpretiert mein Geist die Wirklichkeit? Wer bin ich, seiner Meinung nach?" Wenn unsere Untersuchung gründlich genug ist, werden wir entdecken, daß wir eine gewisse vorgefaßte Meinung über uns haben – „Genau so bin ich!" – und daß diese Meinung überhaupt nichts mit der Wirklichkeit zu tun hat.

Mit unserer gewöhnlichen Ego-Vorstellung denken wir: „Ich existierte ganz bestimmt irgendwo, ich bin wirklich." Auch nicht für einen einzigen Augenblick ziehen wir in Betracht, daß das, was wir sind, das Ergebnis einer Benennung ist, einer Bezeichnung, die wir einer Gruppe von sich ständig verändernden geistigen und körperlichen Teilen geben. Unser ichsüchtiger Geist besteht so sehr darauf, einen soliden und sicheren Sinn von Identität aufzubauen und aufrechtzuerhalten und würde nie annehmen, daß das Ich oder Selbst lediglich eine Benennung, ein bloßer Name oder eine

Bezeichnung ist. Er sagt eher: „Ich existiere von meiner eigenen Seite her. Ich bin doch nicht etwas, was ein leichtgläubiger Geist zusammengezaubert hat." Diese Behauptung ist völlig verkehrt. Die Wurzel all unserer Schwierigkeiten ist diese falsche Sichtweise.

Wir sind so an die scheinbar konkreten Erscheinungen von Dingen, einschließlich unserer selbst, gewöhnt, daß es für uns nicht einfach ist umzuschalten und eine lockerere, entspanntere Sichtweise einzunehmen. Unser Ego – in diesem Zusammenhang ist damit der neurotische Geist gemeint, der als Unterstützung an einer soliden Identität festhält – hat sehr viel Kraft und bekämpft jede Ansicht, die seine Sicherheit bedroht. Es fühlt sich sehr irritiert, wenn davon gesprochen wird, daß das Ich, wie überhaupt alles, eine Bezeichnung des begrifflichen Denkens ist. Wir sollten uns daher auf jede Menge Widerstand gefaßt machen, wenn wir über die Nicht-Selbstexistenz des Ichs meditieren. Das ist ganz natürlich. Es ist lediglich unser tiefverwurzeltes Ego, das gegen seine Vernichtung ankämpft.

DEN INNEREN FEIND ERKENNEN

Solange unsere Ichsucht fortwährend ihre solide, einschränkende Sicht der Wirklichkeit projiziert, gibt es in unserem Geist keinen Raum, die umfassende Sicht der Ganzheit zu erfahren, nach der wir uns alle zutiefst sehnen. Wenn wir also unsere falschen Vorstellungen und Projektionen überwinden wollen, müssen wir zuerst alle verkehrten Vorstellungen, die wir über uns selbst haben, beseitigen. Wir müssen ein möglichst klares Bild davon bekommen, wie wir uns derzeit sehen und wie wir an einem verkehrten Ego-Gefühl festhalten. Wir können nämlich niemals eine korrekte Sichtweise entwickeln, wenn wir unsere gewohnten falschen Ansichten nicht ganz genau kennen.

Die großen Meditationsmeister der Vergangenheit haben großes Gewicht darauf gelegt, den begrifflichen Unsinn unseres Geistes so genau wie möglich zu erkennen. Es ist nicht sehr wirkungsvoll, die kraftvollen Methoden der Einsichtsmeditation für die Überwindung eines verkehrten Selbstbildes anzuwenden, das wir nur vage und theoretisch kennen. Das hilft uns überhaupt nicht. Wir müssen unseren Schwierigkeiten auf den Grund gehen, und dazu müssen wir ganz tief in unseren eigenen Geist schauen und seine spezifischen falschen Vorstellungen erkennen. Nur dann können wir die grundlegende Ursache für alle unsere Probleme in Angriff nehmen. Tun wir das nicht, dann gleichen wir einer Person, die von Osten her angegriffen wird und sich im Westen verteidigt.

Das ist ein ungemein wichtiger Punkt: Einer der Hauptgründe für unsere ständigen unglücklichen Erfahrungen im Daseinskreislauf, dafür, daß wir immer wieder von einer unbefriedigenden Situation in die nächste geraten, ist unsere Unfähigkeit, die Wurzel unserer Probleme zu begreifen. Selbst wenn wir den üblichen Fehler vermeiden, den Glauben, daß alle Probleme äußerlich bedingt sind, erkennen wir doch den inneren Feind nicht richtig. Wir ziehen vielleicht den verkehrten Schluß, daß die Quelle aller Unzufriedenheit und Frustration eine bestimmte intellektuelle Ansicht oder Meinung ist, und daß wir lediglich eine höhere, geachtetere philosophische Position einnehmen müssen, um die Situation ins Lot zu bringen. Ein solch oberflächlicher Ansatz dringt aber nie bis zur Wurzel unserer Schwierigkeiten vor.

Unser Grundproblem ist kein intellektuelles. Wir fangen vielleicht damit an, daß wir uns einer bestimmten Analyse anschließen, wer und was wir sind, ändern aber später unsere Meinung und folgen einer entgegengesetzten Ansicht. Eine solche Veränderung mag uns vielleicht intellektuell zufriedenstellen, löst aber unser grundlegendes, naturhaft gewachsenes Ego-Problem nicht. Vielleicht empfinden wir sogar Stolz auf unser neues intellektuelles Verständnis, obwohl wir tatsächlich nur eine Sammlung verkehrter Ansichten durch eine andere ersetzt haben. Statt unsere Ichsucht zu schwächen, haben wir ihr lediglich etwas Neues zum Festhalten gegeben.

DEN GRIFF FALSCHER VORSTELLUNGEN LOCKERN

Wir müssen begreifen, daß wir unsere gewohnte konkrete Sichtweise nicht auf einen Schlag loswerden können. Es braucht seine Zeit, bis wir diesen Schein von Solidität völlig durchschauen. Wir können aber die gröberen Ebenen unserer falschen Vorstellungen jetzt schon in Angriff nehmen, indem wir das starre Festhalten an unserer Sicht von Wirklichkeit lockern. Die Dinge erscheinen uns zwar immer noch konkret, wir lassen uns jedoch davon nicht mehr so leicht in die Irre führen.

Die traditionellen buddhistischen Texte veranschaulichen diesen Punkt mit dem Gleichnis vom Zauberer und seinen Zuschauern. Ein geschickter Zauberer kann mit hypnotischen Zaubersprüchen Menschen dazu bringen, Holzstücke oder Steine z.B. als Pferde zu sehen. Die Menschen, auf die der Zauberspruch wirkt, sehen die illusionären Tiere nicht nur, sondern glauben sogar, daß es sie wirklich gibt. Der Zauberer hat sie mit seinen Kräften verhext, und sie fallen auf seine Kunststückchen herein. Durch die Kraft der Zaubersprüche sieht der Zauberer die Pferde ebenfalls, glaubt jedoch nicht daran. Er weiß, daß es Täuschungen sind, weil er sie selbst herbeigezaubert hat. Während die Zuschauer von seiner Kunst geblendet sind, bleibt der Zauberer selbst unbewegt und unbetroffen.

Wir verhalten uns für gewöhnlich wie die Zuschauer. Wir glauben an alles, was unsere dualistischen Vorstellungen herbeizaubern. Wenn etwas anziehend scheint, fallen wir sofort auf diese oberflächliche Erscheinung herein und laufen ihr hinterher. Wenn die Erscheinung sich verwandelt und nicht mehr so anziehend aussieht, möchten wir sofort die Flucht ergreifen. Wir möchten nicht darüber nachdenken, wie diese sich ändernden Erscheinungen unseren eigenen Geist spiegeln und wenig oder gar nichts mit dem Ding zu tun haben. In der Folge geraten wir ständig von einem unbefriedigenden Zustand in den nächsten. Und vergeblich suchen wir unsere illusorische Ego-Identität dadurch zu stützen, daß wir trügerischen Dingen hinterher laufen oder vor ihnen fliehen. Auf diese Weise wird unser Leben zu einem absurden Drama voller emotionaler Konflikte, Frustrationen und Enttäuschungen.

Wir können diese dummen Vorstellungen jedoch loslassen. Wie der Zauberer brauchen wir uns nicht von den konkreten Erscheinungen beeinflussen zu lassen. Wenn unser Geist einmal ganz frei geworden ist von allen verzerrten Sichtweisen, werden sogar diese dualistischen Erscheinungen aufhören. Wir brauchen jedoch nicht auf diesen Zeitpunkt zu warten, wenn wir frei werden wollen von unseren widersprüchlichen Emotionen. In dem Augenblick, in dem wir anfangen, unsere konkreten Vorstellungen zu lockern, erlangen wir einen Vorgeschmack dieser Freiheit.

DEN MITTLEREN WEG FINDEN

Wenn wir all dieses Reden von Nicht-Selbstexistenz und illusionärem Wesen aller Dinge hören, dann könnten wir zu dem Schluß kommen, daß wir selbst, die anderen, die Welt und die Erleuchtung überhaupt nicht existieren. Ein solcher Schluß ist nihilistisch. Zu extrem. Es *gibt* Phänomene. Nur ihre scheinbar konkrete und unabhängige *Existenzweise* gibt es nicht. Und die gilt es zu widerlegen.

Nehmen wir zum Beispiel einen Regenbogen. Gibt es ihn oder gibt es ihn nicht? Natürlich gibt es ihn, aber auf welche Art? Als etwas, das durch das Spiel von Wassertropfen im Himmel, dem Licht der Sonne und unserem eigenen Standort der Beobachtung entsteht. Ein Regenbogen ist damit ein *abhängig* entstandenes Phänomen. Wenn wir ihn untersuchen, können wir die unterschiedlichen Ursachen und Bedingungen für sein Entstehen herausfinden. Wenn wir den Regenbogen anschauen, so kann uns seine Schönheit so bewegen, daß wir ihn mit unseren Händen berühren möchten. Wenn wir auf ihn zugehen, scheint er sich zu entfernen.

Gleichgültig wie schnell wir auch eilen mögen, es wird uns nie gelingen, etwas mit unseren Händen zu greifen. Ein Regenbogen ist von Natur aus nicht zu berühren, und wir müssen uns mit der Einsicht begnügen, daß dieses wunderbare Phänomen eine Erscheinung ist, die wir weder festhalten noch besitzen können.

In einer ähnlichen Art und Weise sind alle Dinge, die es gibt, lediglich Erscheinungen des Geistes. Ohne konkrete Selbstexistenz zu besitzen, entstehen sie durch das Spiel verschiedener Ursachen und Bedingungen. Sie entstehen, bestehen und vergehen und verändern sich dabei ständig. Das gilt auch für uns selbst. Gleichgültig was unsere angeborene Ichsucht glaubt, man kann kein solides, aus sich selbst heraus existierendes Ich finden. Weder innerhalb noch außerhalb unserer in ständiger Veränderung begriffenen geistigen und körperlichen Bestandteile. Wie alle anderen Phänomene sind auch wir ohne Ausnahme leer von dem allerkleinsten Atom von Selbstexistenz, und diese *Leerheit (shunyata)* ist das letztendliche Wesen von allem, was es gibt.

Die Lehrreden, in denen Shakyamuni Buddha seine tiefgründigsten Lehren über Leerheit dargelegt hat, sind die Sutras von der *Vollendung der Weisheit* (Manjushri, die Verkörperung voll erwachter Weisheit, hält eine dieser Schriften als Symbol in seiner Linken.) Der indische Kommentator, der diese Lehren erläuterte, war Nagarjuna, nicht nur ein tiefgründiger Philosoph, sondern auch ein großer Tantriker, ein *mahasiddha*.

Nagarjunas System der philosophischen Analyse ist unter dem Namen „Mittlerer Weg“ oder *madhyamika* bekannt, weil es die Extreme von Selbstexistenz und Nichtexistenz, von Ewigkeitsdenken oder Eternalismus und Nihilismus, von Übertreibung und Untertreibung vermeidet. Nagarjuna zufolge sind alle gewöhnlichen Vorstellungen über dies und das mit Fehlern behaftet. Warum? Weil wir den Gegenständen unserer Erfahrung aus Gewohnheit heraus Eigenschaften wie Konkretheit, Unabhängigkeit und Selbstexistenz zuschreiben, die sie in Wirklichkeit gar nicht besitzen. Anders ausgedrückt ist unsere gewöhnliche, auf Unwissenheit beruhende Sichtweise der Wirklichkeit – das bezieht sich sowohl auf unser inneres Gefühl eines Selbst als auch auf die äußere Erscheinung von Phänomenen wie Sehobjekten, Klängen und dergleichen – von Aberglauben und Gespaltenheit geprägt.

Wie schon zuvor erwähnt, projizieren wir fortwährend ein falsches Bild auf alles, womit wir zu tun haben, und halten dann das falsche Bild für das Objekt selbst. Wenn wir eine gewisse Vorstellung davon erlangen, wie falsch unsere gewohnte dualistische Sicht der Wirklichkeit ist, dann schießen wir mit unserer Reaktion leicht übers Ziel hinaus und leugnen die Existenz von allem. Das ist das Extrem des Nihilismus; diese Ansicht ist nicht nur völlig verkehrt, sie ist darüberhinaus auch gefährlich. Wir müssen begreifen, daß die Dinge *existieren,* allerdings nicht auf die konkrete Art und Weise, wie wir das gewohnheitsmäßig annehmen. Die große Herausforderung, vor die uns die Entwicklung der rechten Sicht der Leere stellt, besteht darin, alle Vorstellungen von einer unabhängigen Selbstexistenz zu widerlegen, ohne gleichzeitig die Gültigkeit des abhängigen Entstehens zu leugnen.

Wenn wir versuchen, logische Begründungen anzuwenden, um damit die Leerheit eines Dinges unter Beweis zu stellen – daß es keine konkrete Selbstexistenz besitzt –, dann mag uns das vielleicht manches Mal unter großen Druck setzen. „Das ist aus diesem Grunde … oder jenem Grunde … oder jenem Grunde leer." Manchmal bereitet uns ein solcher Gedanke großes Unbehagen. Das ist durchaus möglich; wenn wir logischen Begründungen mit zu großer Strenge folgen, dann behindert das unser Verständnis mehr als daß es uns hilft. Wenn es uns so ergeht, dann ist es das Klügste, die Kraft unseres logischen Denkens zu lockern und einfach zu beobachten, wie das Ding, das wir beobachten, funktioniert, was alles mitwirkt, woher es kommt und so fort. Wenn wir z.B. etwas untersuchen, um herauszufinden ob es so selbstexistent ist, wie es uns erscheint, dann können wir an folgendes denken: „Diesen Gegenstand haben Menschen in einer Fabrik zusammengebaut; dann wurde er über Händler auf den Markt gebracht; dort habe ich ihn gekauft; jetzt benutze ich diesen Gegenstand.“ Wenn wir Dinge auf diese Art und Weise betrachten, dann wird uns ihr nicht-selbstexistentes Wesen klarer. Wir erkennen sie als etwas, was durch Ursachen entstanden ist; als etwas das, um existieren zu können, von vielerlei Dingen abhängt; etwas, das so und so funktioniert. Diese Art von Verständnis weicht unseren allgemeinen Eindruck etwas auf, der uns das Ding als etwas Unabhängiges und Konkretes sehen läßt, als etwas, das außerhalb von uns als solides, selbstgenügsames Objekt existiert. Wenn wir uns auf diese unmittelbare Art einem Verständnis von abhängigem Entstehen und Nicht-Selbstexistenz oder Leerheit nähern, dann fühlen wir uns wohl. Wenn wir mit diesem Ansatz vertraut sind, dann leuchtet es uns ein, warum die großen Meister der Vergangenheit das Abhängige Entstehen als Königliche Begründung und besten Weg zum Verständnis des wirklichen Seins aller Dinge bezeichnet haben.

Von Nagarjunas Standpunkt aus betrachtet gilt die Behauptung, daß alle Dinge ohne wahre, unabhängige Selbstexistenz sind, ohne jede Ausnahme. Auch der Geist macht da keine Ausnahme; selbst der Buddha nicht. Wir können nicht behaupten, daß ein so wertloses Ding wie ein Mülleimer leer und ohne Selbstexistenz sei, ein hoch verehrtes Wesen dagegen, jemand wie Shakyamuni Buddha existiere absolut und wirklich aus sich selbst heraus. Dem ist nicht so. Vom Standpunkt ihrer Leerheit, vom Standpunkt ihrer Nichtdualität betrachtet, sind die letztendliche Wirklichkeit eines Buddha und eines Mülleimers wesensgleich.

Die praktische Schlußfolgerung aus all diesen Aussagen besteht darin, daß wir aufhören, alle dualistischen Erscheinungen – dies und das, gut und schlecht usw. – unmittelbar als letztlich wirklich zu betrachten, aber ebensowenig ihre Existenz völlig leugnen. Wir sollten uns stattdessen entspannen und ein wenig Skepsis entwickeln. Wir sollten uns dessen bewußt sein, daß die Gegenstände uns in Streit und Verwirrung führen können, weil sie uns jetzt so konkret als dies und das erscheinen. Wenn wir uns dessen wirklich bewußt sind, geraten wir nicht mehr so leicht in ihren Bann. Wenn wir uns dann darin üben, die grundlegende Klarheit des Geistes zu betrachten, in dem diese Erscheinungen entstehen, dann werden wir fähig, eine Erfahrung von Nichtdualität zu machen, in der sich alle Auseinandersetzungen und jede Verwirrung unmittelbar auflösen.

8 *Klarer Raum im Geist*

RAUM SCHAFFEN DURCH “NICHT SEHEN”

Wir haben über Entsagung, Bodhicitta und die rechte Sicht von Leerheit als den drei Voraussetzungen für die Praxis von Tantra gesprochen. Das bedeutet nun aber nicht, daß unsere Verwirklichung dieser drei Prinzipien vollständig und vollkommen sein muß, bevor wir dem tantrischen Weg folgen können. Für den Anfang ist ein annäherndes Verständnis ausreichend.

Nehmen wir z.B. die Verwirklichung von Leerheit. Wenn wir ein vollkommenes Verständnis des letztendlichen Wesens aller Dinge erlangen, dann ist das eine sehr profunde Leistung. Wenn wir darauf warten wollten, bevor wir mit der Praxis des Tantra beginnen, dann müßten wir lange warten. Vielleicht würden wir nie damit anfangen! Zum Glück stellt das keine Schwierigkeit dar. Wenn wir uns in den verschiedenen Methoden der Umwandlungen des Tantra üben wollen, dann genügt es, wenn wir unsere übliche gefühlsmäßige Identifikation mit unserem Ego etwas lockern. Wir brauchen keine vollkommene Einsicht in unsere nicht vorhandene Selbstexistenz, allerdings müssen wir uns etwas Raum geben, etwas Distanz zu unserem gewöhnlichen, zwanghaften Spielen von Rollen verschaffen.

Die tibetischen Lamas sagen oft: „Nicht sehen ist wahres Sehen.“ Das klingt vielleicht seltsam, doch tragen diese Worte eine tiefe Bedeutung. Sie beschreiben die Erfahrung eines Meditierenden von Raum, von universeller Wirklichkeit, eine Erfahrung jenseits von Dualität und Gespaltenheit.

In unserer gewöhnlichen Erfahrung werden wir überwältigt von zahllosen dualistischen Wahrnehmungen und Vorstellungen. Tagtäglich fühlen wir uns angezogen von angenehmen

Gegenständen und abgestoßen von unangenehmen. Niedergedrückt von der Last engstirniger Ansichten über uns selbst, vergeuden wir unsere Zeit damit, hinter diesem her- und von jenem wegzulaufen. Wie wir gesehen haben, führt diese tiefverwurzelte Gewohnheit, Dinge dualistisch wahrzunehmen und an unsere dualistischen Unterscheidungen zu glauben, lediglich zu Verwirrung und ständiger Unzufriedenheit. Es ist jedoch möglich, eine völlig andere Sicht von Wirklichkeit zu entwickeln. Wenn wir der endlosen Tretmühle unseres zwanghaften Lebens im Daseinskreislauf überdrüssig geworden sind, können wir uns in durchdringendem Gewahrsein schulen und eine unmittelbare Wahrnehmung davon entwickeln, wie die Dinge tatsächlich existieren.

Diese Schulung verläuft in unterschiedlichen Stufen, einige davon sind in hohem Maße analytisch und begrifflich, andere direkter und mehr auf Erfahrungen bezogen. Wenn wir uns nach und nach immer tiefer in die Erfahrung von Raum versenken, dann lösen sich die konkreten Erscheinungen, die für gewöhnlich unsere Wahrnehmungen bedrängen, langsam auf. So wie sich Sommerwolken in der klaren, blauen Weite des Himmels auflösen, hören unsere dualistischen Vorstellungen auf, und wir ruhen im klaren, leeren Raum der Ungeschiedenheit, der Nichtdualität. In diesem Raum, der leer ist von allen konkreten Unterscheidungen in dies und das, fühlt sich unser Geist ruhig und ohne Grenzen. Wir sind nicht mehr länger besessen vom „Sehen" und unserem Glauben an die letztendliche Wirklichkeit gewöhnlicher Erscheinungen und treten ein in den Raum des „vollkommenen Sehens" der nichtdualistischen Erfahrung.

Weit davon entfernt, sich in einem Zustand schläfriger geistiger Leere zu befinden, ist unser Geist dann wach und aufmerksam, er weist nichts zurück, stellt keine Behauptungen auf und nimmt doch alles an. Statt daß wir uns gefangen und begrenzt fühlen, unter dem Zwang, immer wieder die selben fruchtlosen Ego-Spiele zu spielen, beginnen wir die echte Freiheit des unbehinderten Bewußtseins zu ahnen. Diese Art von Befreiung ist möglich, weil der oberflächliche, in Konventionen und Fantasien befangene dualistische Geist nicht das wahre Wesen der Menschen ausmacht. Unser grundlegendes Wesen ist rein und klar wie ein Kristall, ohne jeden Raum für ein mitleidvolles Selbstbild. Dieses mitleidvolle Selbstbild löst sich darin von alleine auf. Und mit ihm verschwinden auch alle einengenden Beschränkungen.

Wenn es uns gelingt, in diesen natürlicherweise klaren Zustand unseres Geistes einzutreten und darin zu verweilen, haben wir die Muße und den Raum, alle Dinge ohne Verwirrung zu erkennen. Wir sind dann sogar in der Lage, den Angelegenheiten unseres alltäglichen Lebens mit mehr Geschick nachzugehen. Viele Menschen machen sich Gedanken über diesen Punkt. „Wenn ich es meinem Geist gestatte, zu seinem natürlichen, einfachen Zustand zurückzukehren, wie kann ich mich dann in dieser komplizierten Welt zurechtfinden? Wie kann ich von hier nach da gelangen? Wie kann ich dann meine Arbeit tun? Kann ich denn dann noch eine Mahlzeit zubereiten? Wie kann ich überhaupt irgendetwas zuwege bringen?“ Es ist nicht nötig, sich mit solchen Gedanken herumzuschlagen. Es ist in der Tat so: Wenn ihr in einem glasklaren Geisteszustand ruht, dann habt ihr den Raum, allem, was ihr tut, eure ungeteilte Aufmerksamkeit zu widmen, und könnt so mit allem bestens umgehen. Schwierigkeiten entstehen dann, wenn ihr euch nicht in einem natürlichen Geisteszustand befindet. Gleichgültig was ihr auch anfangt, euer Geist wird irgendwo anders sein. Ihr seid dabei, euer Haus aufzuräumen und euer Geist wandert stattdessen an den Strand und denkt ans Eisessen. So geratet ihr in Schwierigkeiten.

KLARHEIT UND NICHTDUALITÄT

Wenn wir über den Strom unseres Bewußtseins meditieren, führt uns das ganz natürlicherweise in die raumgleiche Erfahrung von Nichtdualität. Wenn wir unsere Gedanken aufmerksam beobachten, stellen wir fest, daß sie von ganz alleine aufsteigen, verweilen und sich wieder auflösen. Wir müssen unsere Gedanken nicht gewaltsam aus unserem Geist verjagen; so wie jeder Gedanke aus der klaren Natur unseres Geistes aufsteigt, so löst er sich auch wieder in dieser klaren Natur auf. Wenn sich unsere Gedanken auf diese Weise schließlich auflösen, sollten wir unseren Geist ohne Ablenkung auf die darauf folgende Klarheit ausrichten.

Wir sollten uns darin schulen, uns in keinen der ständig aufsteigenden Gedanken verstricken zu lassen. Unser Bewußtsein gleicht dem weiten Meer; es gibt genügend Raum darin für Gedanken und Emotionen, doch sollten wir unserer Aufmerksamkeit nicht gestatten, sich davon ablenken zu lassen. Es tut nichts zur Sache, wenn ein bestimmter „Fisch" besonders schön oder besonders abstoßend ist; ohne uns in irgendeine Richtung ablenken zu lassen, ruhen wir in der grundlegenden Klarheit unseres Geistes. Auch wenn eine herrliche Vision aufsteigt – die Vision, nach der wir uns seit Jahren gesehnt haben –, sollten wir keine Unterhaltung mit ihr beginnen. Wir sollten uns auf natürliche Weise dessen bewußt sein, was geschieht; es geht nicht darum, so dumpf zu werden, daß wir nichts mehr wahrnehmen. Wir sollten uns bewußt sein, wie die Gedanken aufsteigen, ohne uns von irgendeinem von ihnen bezaubern zu lassen. Wir sollten uns stattdessen ständig der ihnen zugrundeliegenden Klarheit bewußt sein, aus der sie entstanden sind.

Warum ist es so bedeutsam, sich auf diese Weise in die Klarheit unseres eigenen Bewußtseins zu versenken? Weil, wie wir immer wieder erkennen werden, die Quelle von all unserem Glück und Leid, die Wurzel der Leiden von Samsara und der Seligkeit des Nirvana, im Geist liegt. Und in unserem Geist ist auch unsere gewohnte falsche Sichtweise zu finden – unsere aus Unwissenheit und Unsicherheit geborene Ichsucht –, die an dem Trugbild konkreter Selbstexistenz als der Wirklichkeit festhält. Wir können den Bann dieses Trugbildes brechen, wenn wir das trügerische Wesen der Dinge erkennen, und begreifen, daß alle Dinge nur flüchtige Erscheinungen sind, die im klaren Raum des Geistes entstehen. Je mehr wir die Klarheit unseres eigenen Bewußtseins betrachten, desto weniger halten wir an der Konkretheit und Wirklichkeit irgendwelcher Erscheinungen fest – und desto weniger Leid erfahren wir.

Wenn wir auf diese Art und Weise beobachten, wie unsere Gedanken kommen und gehen, nähern wir uns einer korrekten Sicht von Leerheit immer mehr. Scheinbar konkrete Erscheinungen werden auftauchen, für eine Weile bestehen und sich dann auflösen im klaren Wesen unseres Geistes. Jedesmal, wenn ein Gedanke auf diese Weise vergeht, sollten wir uns in der Erkenntnis üben, daß dieses Vergehen noch mehr Wirklichkeit besitzt als sein anfängliches konkretes Erscheinen. Je mehr wir uns in dieser Art des „Nicht-Sehens" üben, desto vertrauter werden wir mit der raumgleichen Klarheit unseres Geistes. Selbst wenn dann äußerst zerstörerische Gedanken und Emotionen entstehen, wie z.B. Wut und Eifersucht, können wir in Kontakt mit der ihnen zugrundeliegenden Reinheit unseres Bewußtseins bleiben. Diese Reinheit ist immer in uns, und jede Verblendung, die wir erfahren, stellt lediglich eine oberflächliche Verdunkelung dar, die schließlich vorübergeht und uns in der Erfahrung des ursprünglich reinen Wesens unseres Geistes beläßt.

Wenn ihr euer eigenes Bewußtsein mit intensivem Gewahrsein betrachtet und dabei alle Gedanken an Gut und Schlecht beiseite laßt, dann führt euch das von ganz alleine zur Erfahrung von Ungeschiedenheit, von Nicht-Dualität. Wie kann das sein? Stellt es euch vielleicht so vor: Der klare, blaue Himmel ist wie das Bewußtsein, während der die Luft belastende Rauch und Schmutz den unnatürlichen, künstlichen Vorstellungen entspricht, die unsere ichsüchtige Unwissenheit erzeugt. Auch wenn wir davon sprechen, daß die Luftverschmutzung die Atmosphäre verunreinigt, so wird doch der Himmel selbst niemals von diesem Schmutz befleckt. Sowohl der Himmel als auch die Luftverschmutzung behalten ihre spezifischen Eigenschaften. Anders ausgedrückt bleibt der Himmel auf einer ganz grundsätzlichen Ebene unberührt, gleichgültig, wieviel giftige Energie wir in ihn hineinjagen. Der Beweis dafür liegt darin, daß der Himmel wieder klar werden kann, wenn sich die Bedingungen ändern. In gleicher Weise können die Schwierigkeiten, die durch unsere künstlichen Ego-Vorstellungen entstehen, dem reinen und klaren Wesen des Geistes niemals Schaden zufügen. Von einem relativen Standpunkt aus gesehen, bleibt unser Bewußtsein rein, weil sein reines Wesen sich nie mit dem Wesen der Verwirrung vermischt.

Auch von einem letztendlichen Standpunkt aus betrachtet bleibt unser Bewußtsein immer klar und rein. Das nichtdualistische Wesen des Geistes erleidet niemals Schaden durch die dualistischen Vorstellungen, die in ihm entstehen. In dieser Hinsicht ist unser Bewußtsein stets rein, es war stets rein und wird auch stets rein bleiben.

Ihr stellt euch nun vielleicht die Frage, ob das Wesen verblendeter geistiger Zustände wie Eifersucht und Zorn ebenfalls klar ist. Ja, *alle* geistigen Zustände besitzen dieses klare, nicht-materielle Wesen gleichermaßen. Ob sie positiv oder negativ, fehlerlos oder verblendet sind, alle geistigen Faktoren spiegeln ihren jeweiligen Gegenstand klar wieder. So wie ein Spiegel klar und unverhüllt sein muß, damit er ein Gesicht widerspiegeln kann, sei es häßlich oder hübsch, so muß auch der wahrnehmende Geist klar sein. Gäbe es irgendeinen geistigen Zustand, der *nicht* klar wäre, so könnte er garnichts spiegeln, weder Gutes noch Schlechtes.

Wir können positive geistige Zustände mit ruhigem Wasser vergleichen und verblendete Geisteszustände mit aufgewühltem, kochendem Wasser. Wenn wir das Wesen von kochendem Wasser einer Untersuchung unterziehen, dann werden wir feststellen, daß jeder einzelne Tropfen trotz aller Aufgewühltheit klar ist. Das gleiche trifft für den Geist zu: Ob in Ruhe oder durch die überwältigende Vielfalt dualistischer Gedanken in hellem Aufruhr stehend, sein grundlegendes Wesen bleibt klar und bewußt.

Die Schlußfolgerung daraus besagt, daß wir alle die Fähigkeit besitzen, von einem verwirrten, verunreinigten Zustand von Ego-Streitereien in einen natürlicherweise klaren

Zustand reinen Bewußtseins zu gelangen. Wir sollten nie glauben, unser Geist sei auf irgendeine Weise unwiderruflich verunreinigt. So etwas ist gar nicht möglich. Wenn wir uns darin schulen, diesen natürlichen, unbeeinflußten Zustand unseres Bewußtseins zu erkennen und darin zu ruhen, werden wir schließlich die Freiheit nichtdualistischen Gewahrseins erfahren.

MANIFESTATIONEN DES BEWUSSTSEINS

Vom Standpunkt des Buddhismus aus gesehen sind alle Umstände unseres Lebens Manifestationen unseres eigenen Bewußtseins. Das ist eine Kernaussage des Buddhismus. Schmerzvolle und verwirrte Umstände entstehen aus einem schmerzvollen und verwirrten Geist, und jede Erfahrung von Glück, die wir machen – angefangen bei gewöhnlichen Freuden bis hin zur höchsten Verwirklichung, der Erleuchtung –, entspringt aus unserem eigenen Geist.

Wenn wir unser Leben betrachten, dann können wir leicht feststellen, wie es völlig unter der Kontrolle unseres Geistes steht, v.a. unter der Herrschaft von begehrlichem Verlangen. Ständig denken wir daran, hier und dort hin zu gehen, dies und das zu erwerben, und dann leben wir dieses Verlangen aus, stets auf der Suche nach Befriedigung.

Unser ruheloser Geist gebiert ständig neue Gedanken und Vorstellungen, aber nicht nur das; wir neigen auch dazu, ihnen überall hin zu folgen. In der Folge lassen wir uns auf der Suche nach Glück von einer Situation in die nächste locken, sind jedoch letzten Endes nur müde und enttäuscht. Die Lösung liegt nicht darin, unsere Gedanken und Wünsche zu unterdrücken, denn das ist gar nicht möglich; wir würden dann gleichsam versuchen, einen Topf Wasser dadurch am Kochen zu hindern, daß wir den Deckel fest nach unten pressen. Der einzig vernünftige Ansatz besteht darin, uns in der Beobachtung unserer Gedanken zu schulen, ohne ihnen zu folgen. Das beraubt sie ihrer zwanghaften Kraft; wir nehmen dadurch gleichsam den Topf mit kochendem Wasser vom Feuer. Ein solches Verhalten führt schließlich zu Ruhe und Klarheit.

Wir Menschen sind sehr stolz auf unsere Fähigkeit zu denken, allerdings kompliziert unser Denken häufig die Dinge ungemein. Schaut euch doch nur die Verpackung von Schokolade an; sie fließt über von Informationen und Reklame. Wir halten diese Fähigkeit, über ein Ding eine große Zahl von Gedanken und Vorstellungen zu entwickeln, für ein Zeichen unserer Intelligenz, doch ist vieles, was wir mit dieser Intelligenz anfangen, unnatürlich und völlig überflüssig.

Natürlich glaubt unser rationaler Geist – der grobe Geist, der in die Werte unserer Gesellschaft verstrickt ist – an die Wichtigkeit von allem, was wir tun. Wir sollten allerdings nicht dem Trugschluß verfallen, daß all dieses komplizierte Denken der Wahrheit entspricht. Es mag vieles geben, dem wir zustimmen müssen, wenn wir unseren Alltag bewältigen wollen, doch brauchen wir nicht an alles zu glauben. Und wenn wir selbst kompliziert sind, dann sollten wir nicht einmal daran glauben!

Heißt das, alles, was wir tun und denken, ist falsch? Nein, es steckt schon ein Körnchen Wahrheit in dem, was vor sich geht. Auch wenn der Himmel im Grunde genommen rein und klar ist, so ist es doch auch wahr, daß die Luft verschmutzt ist. Was ich damit sagen will ist folgendes: Ich meine, wir sollten nicht alles, was wir über dies und jenes denken, für absolut wahr halten. Die Luftverschmutzung mag einen gewissen Grad an Wirklichkeit besitzen, doch besitzt sie keine konkrete, aus sich selbst heraus existierende, letztendliche Wirklichkeit. Gleichermaßen mögen auch unsere Gedanken ein gewisses Maß an Wahrheitsgehalt besitzen, doch wäre es verkehrt, an ihre letztendliche Wirklichkeit zu glauben.

Wir müssen also lernen, klares Gewahrsein aufrechtzuerhalten und gleichzeitig unserem gewohnheitsmäßigen Reagieren auf die Dinge ein Ende zu setzen. Für gewöhnlich reagieren wir auf alles dualistisch. Wenn z.B. jemand einem Freund ein Stück Schokolade gibt: „Warum hat sie ihm das gegeben? Warum nicht mir? Ihm geht es so gut, und mir geht es so schlecht.“ Unser Geist hält ständig diesen dualistischen Unsinn am Kochen, und das spiegelt sich als Verwirrung in unserem Leben wider. Als ein Ergebnis davon sind unsere Beziehungen zu Menschen und Dingen unstet und ohne Festigkeit. Einen Tag haben wir Interesse an einem Freund; am nächsten lassen wir ihn fallen. Einen Tag möchten wir gerne etwas Hübsches kaufen; am nächsten mögen wir es kaum mehr anschauen. Diese ständige Veränderung unserer Vorlieben und Abneigungen ist ein weiteres Anzeichen dafür, daß unsere gewöhnlichen konkreten Vorstellungen über die Wirklichkeit falsch und lediglich Projektionen eines verwirrten und abergläubischen Geistes sind.

Es gibt nun Zeiten – während und außerhalb der Meditation –, in denen sich diese dualistische Verwirrung etwas legt und wir die ruhige Klarheit reinen Gewahrseins erfahren. Der Frieden des Geistes, den wir zu solchen Zeiten erfahren, ist unbeschreibbar und übertrifft alle flüchtigen Freuden, nach denen unsere Sinne für gewöhnlich hungern. Es genügt jedoch nicht, diese Erfahrung von innerem Frieden ein oder zweimal zu machen; das führt uns nicht zu dauernden Verwirklichungen. Wir müssen uns ständig darin üben, damit wir wiederholt unsere verwirrten dualistischen Vorstellungen durchschauen und ohne Ablenkung in der ihnen zugrundeliegenden Klarheit unseres innersten Geistes ruhen können. Wenn wir uns auf eine gültige, auf Herz und Nieren geprüfte Methode wie die tantrische Praxis stützen, werden wir mit der Zeit ein unzerstörbares Gewahrsein für die grundlegende Klarheit unseres Geistes erlangen, und wir geraten nicht mehr länger unter die Herrschaft unserer dualistischen abergläubischen Vorstellungen.

KLARHEIT, LIEBE UND FRIEDEN

Die tiefe, friedvolle Klarheit unseres grundlegenden Geistes ist wesensgleich mit Liebe, und in dieser Ruhe und Stille ist kein Raum für Ärger und Haß. Wenn wir uns in diesen tiefen Zustand von Gewahrsein versetzen, kann uns kein verletzender Gedanke in Unruhe versetzen. Wir müssen uns nicht bewußt für eine Enthaltung von Ärger und für ein heilsames Verhalten entscheiden; eine derart liebevolle Haltung entsteht von alleine und ohne Anstrengung aus der Tiefe unseres Herzens.

Wenn sich dieses Gefühl von Raum verstärkt und wir uns der korrekten Sicht der Dinge als nicht konkret und nicht aus sich selbst heraus existierend annähern, entsteht ein Gefühl von Einheit zwischen uns selbst und allem und jedem. Statt daß wir uns von unserer Umgebung erdrückt und unterdrückt fühlen – nach dem Motto: „Alle sind gegen mich!" – haben wir das Gefühl, daß es Raum für alles gibt in der Welt. Es gibt Raum für alles. Im klaren Raum der Ungeschiedenheit, der Nichtdualität, fließt alles völlig frei in einem ständigen Prozeß von Kommen und Gehen, Wachstum und Tod, Entstehen und Vergehen. In diesem Raum von Wirklichkeit, die nicht aus sich selbst heraus existiert, wirken alle Dinge in vollkommener Weise zusammen, ohne sich gegenseitig zu behindern. Es gibt keine Konflikte, keine Verwirrung und keine Trennung. Statt uns von unserer Umgebung, von den anderen und sogar von uns selbst entfremdet zu fühlen, haben wir Anteil an einer Erfahrung universeller Harmonie.

Wenn wir begreifen, daß wir als Menschen im Grunde klar und rein sind, dann können wir alle parteiischen und einschränkenden Vorstellungen aufgeben, in die wir uns einsperren. Im klaren Raum eines völlig entspannten Geistes gibt es keinen Unterschied zwischen eurer grundlegenden Wirklichkeit und der meinigen. Die eine ist nicht besser als die andere; die eine ist nicht schlechter als die andere. Letztlich gibt es weder gut noch schlecht, weder rein noch unrein. Der ganze Sinn und Zweck von Meditation und Gebeten oder was auch immer wir zu tun versuchen, besteht darin, dieses grundlegende Prinzip der menschlichen Natur kennenzulernen, dieses tiefe Wesen wahrzunehmen, mit unserem Geist in Berührung zu kommen und dadurch mit dem grundlegenden

Prinzip der Wirklichkeit, der Ungeschiedenheit, der Nichtdualität. Wenn wir einmal diese Erfahrung machen, gibt es keinen Raum mehr für schwierige Vorstellungen, Emotionen oder Sentimentalitäten. Seid einfach! Im Augenblick einer solchen Erfahrung gibt es keine Vorstellungen und Benennungen des dualistischen Geistes. In einem solchen Augenblick gibt es keinen Buddha, keinen Gott, keinen Himmel und keine Hölle. Nur großen Frieden. Und große Zufriedenheit.

KLARHEIT, FARBEN UND SELIGKEIT

Tantra besitzt kraftvolle Methoden für das Erwecken der allerfeinsten Ebenen unseres Geistes und für die Ausrichtung dieses glückseligen, feinen Bewußtseins des Klaren Lichtes auf die raumschaffende und durchdringende Vision der Ungeschiedenheit, der Nichtdualität. Auch wenn wir noch längst keine geübten Tantra-Praktizierenden sind, können wir in Kontakt treten mit dem von Natur aus klaren Zustand unseres Geistes und einen Vorgeschmack bekommen von der Erfahrung von Nichtdualität. Wenn wir sehr verwirrt sind, dann hilft es uns, einfach in den blauen Himmel zu schauen. Schaut einfach, ohne euch auf irgendeinen Gegenstand auszurichten, mit intensivem Gewahrsein in den Himmel und laßt alle Vorstellungen über euch selbst los. Ihr seid da, die unendliche Bläue des Himmels ist da, und sonst gibt es nichts. Wenn wir unser Bewußtsein mit dieser Erfahrung von Raum erfüllen, führt uns das auf ganz natürliche Weise zur Betrachtung der Klarheit unseres Geistes.

Wir sind Menschen, und wenn wir auf diese Art und Weise blaues Licht visualisieren, dann beginnen unsere konkreten Vorstellungen irgendwie zusammenzubrechen. Das ist ein Grund dafür, warum in der Kunst des Tantra so oft Blau als Symbol für Nichtdualität verwendet wird, ein Zustand, in dem keine gewöhnlichen dualistischen Vorstellungen von diesem und jenem mehr erscheinen und wir sie auch nicht mehr für die Wirklichkeit halten. Viele Menschen machen diese Erfahrung der Freiheit von allem begrifflichen Denken, wenn sie sich in die Weite des blauen Himmels oder des blauen Meeres versenken. Ich spreche jetzt nicht über vielschichtige philosophische Vorstellungen oder über etwas, was wir auf Treu und Glauben annehmen müssen, weil irgendein Lama das so gesagt hat; ich spreche lediglich über eine Erfahrung, die viele Menschen gemacht haben, und die ihr ebenfalls machen könnt.

Vom Standpunkt des Tantra aus betrachtet steht unsere Wahrnehmung immer in Bezug zu irgendeiner Farbe, und zwar jedes Mal, wenn wir unseren Geist und unsere Sinne für die Welt der Objekte öffnen. Und jede Farbe, die wir wahrnehmen, sei es Blau, Rot, Grün oder was auch immer, steht in Beziehung zu einem Geschehen in unserer inneren Welt. Aus diesem Grunde nehmen Farben und Licht bei der Visualisierung von Gottheiten und dergleichen in der Praxis des Tantra eine so wichtige Stellung ein.

Um zu verdeutlichen, was ich damit meine, nehmen wir uns als Beispiel einmal die Farbe Blau. Die innere Eigenschaft von strahlend blauem Licht ist das Freisein von den Projektionen unserer Fantasie. Sind diese Projektionen sehr stark – wenn wir uns z.B. so sehr in eine Depression verstrickt haben, daß wir nicht mehr herausgelangen können –, dann können wir nicht einmal an einem vollkommen klaren Tag die Bläue des Himmels wahrnehmen. Wir sehen alles Grau in Grau. Das geschieht immer wieder, und wenn wir Rot sehen vor Wut, oder Grün, wenn wir eifersüchtig sind, dann weist das auf die enge Beziehung hin, die zwischen Farben und geistigen Zuständen besteht.

Zurück zu unserem Thema: Wir können zeitweilig Freiheit vom begrifflichen Denken erfahren, wenn wir die Strahlen der Morgensonne oder einen stillen See betrachten. Wir schauen einfach, ohne Unterscheidungen zwischen diesem und jenem zu treffen, und an einem bestimmten Punkt erfährt unser Geist nur noch seine eigene Klarheit. Wenn wir solche Gelegenheiten äußerer Klarheit nutzen und sie eins werden lassen mit der inneren Klarheit unseres Bewußtseins, dann ist das ein kraftvoller und direkter Weg, auf dem wir die Verwirrung, die unseren Geist erfüllt, durchschauen und Frieden erfahren können.

Immer wenn wir bei der Betrachtung der Klarheit unseres Bewußtseins Frieden erfahren, machen wir darüberhinaus auch eine Erfahrung von Seligkeit. Für gewöhnlich ermüdet uns unser dualistischer Geist mit seinem unablässigen Gerede und seinen ständigen Beurteilungen. Wir atmen voller Erleichterung auf, wenn diese miteinander im Widerstreit liegenden Gedanken und Emotionen nachlassen und schließlich aufhören. Wir erfahren die daraus entstehende Klarheit als fried- und freudvoll und äußerst angenehm. Anders als gewöhnliche Sinnesfreuden bringt jedoch die Seligkeit, die aus solch einer Erfahrung entspringt, echte Befriedigung. Statt unseren Geist in Unruhe zu versetzen, wie das unsere Sinnesfreuden für gewöhnlich tun, verstärkt diese Seligkeit die Stärke und Schärfe unserer Konzentration.

SELIGES AUFGEHEN IN DER WIRKLICHKEIT

Jeder, der zu meditieren versucht hat, weiß, daß eines der größten Hindernisse für die Konzentration unsere abschweifenden Gedanken sind, die ständig unsere Aufmerksamkeit ablenken. Wir versuchen, uns auf einen bestimmten Gegenstand auszurichten und stellen dann lediglich fest, daß unser Geist irgendwo ganz anders hin gewandert ist. Unsere Aufmerksamkeit ist so kurzlebig wie die eines kleinen Kindes, und es bereitet uns größte Schwierigkeiten, irgendeinen Gegenstand zu durchdringen. In der Folge ist es für uns nicht möglich, echte Verwirklichungen zu erlangen. Was ist die Ursache für all dieses geistige Wandern? Es ist unser überwältigendes Gefühl von Unzufriedenheit. Wir sind unablässig auf der Suche nach etwas, was unsere unbestimmbare, innere Sehnsucht befriedigt, haben aber nie Erfolg mit dieser Suche. Auch wenn wir etwas finden, was uns Freude schenkt, ist diese Befriedigung sehr kurzlebig, und schnell halten wir wieder Ausschau nach etwas Neuem. Diese Rastlosigkeit ist ein Kennzeichen unseres dualistischen Geistes, sie tritt noch mehr zu Tage, wenn wir uns hinsetzen und anfangen, uns in der Meditation zu sammeln.

Die Seligkeit, die entsteht, wenn wir uns auf die Klarheit unseres Bewußtseins ausrichten, wirkt als kraftvolles Gegenmittel gegen diese Ruhelosigkeit. Sie schenkt uns eine stille und tiefe Zufriedenheit, die wir mit gewöhnlichen Freuden niemals kennenlernen. Weil wir ganz erfüllt sind von dieser Erfahrung von Seligkeit, gerät unser Geist nicht in Versuchung, irgendwo anders hin zu wandern, und ohne Mühen wird unsere Konzentration immer tiefer.

Wir kennen alle die Erfahrung, daß wir so aufgehen in einer Sache, daß uns nichts von dem, was uns für gewöhnlich ablenkt und stört, aus der Ruhe bringen kann. Wenn wir somit fortwährend und mit genügender Tiefe die formlose Klarheit unseres eigenen Geistes betrachten, können wir der Wahrnehmung von Formen, Klängen, Düften und dergleichen, die uns für gewöhnlich durch die Tore der Sinne erreichen, ein Ende setzen. Wenn diese Sinneserfahrungen und auch das grobe begriffliche Denken nachlassen, schließen sich die Tore zu den abergläubischen Vorstellungen, und wir werden uns bewußt, wie ein Strom ekstatischer, beseligender Energie in uns aufwallt. Diese ungeheure Woge von Seligkeit kommt ganz von alleine hoch; wir brauchen sie nicht zu erzeugen. Und je mehr wir diesen tiefen, inneren Zustand von Seligkeit erfahren, desto tiefer können wir uns darauf einlassen. Das eröffnet uns einen Weg zu uns bislang unbekannten weiten, freien, allumfassenden geistigen Zuständen.

DEN SAMEN DER ERLEUCHTUNG ZUR REIFE BRINGEN

Dieser eben beschriebene klare, reine und glückselige Geisteszustand ist jetzt im Augenblick in uns vorhanden. Die

Tatsache, daß wir dieses grundlegend reine Wesen besitzen, bedeutet nun aber nicht, daß wir schon erleuchtet sind. Solange wir nicht frei sind von Haß, Gier, Eifersucht und allen sonstigen Symptomen unseres falschen Ego, sind wir sicherlich nicht erleuchtet. Es gibt keinen Buddha mit Verblendungen. Es gibt jedoch unterhalb der groben Ebenen, auf denen diese Verblendungen wirken, etwas Feineres, etwas, was mehr in Übereinstimmung mit unserem Wesen ist. Und es ist diese grundlegende Seite des menschlichen Bewußtseins, die uns zum vollständigen Erwachen und zu immerwährender Seligkeit führen kann.

Es erhebt sich dann die Frage, wie wir mit diesem Erleuchtungspotential unseres grundlegenden Wesens in Kontakt kommen und wie wir es zur Entfaltung bringen können. Die Übungen des Tantra sind so angelegt, daß wir diese außergewöhnliche Umwandlung auf schnellstmögliche Weise bewerkstelligen können, allerdings können wir uns, wie zuvor erwähnt, dieser Aufgabe nicht unvorbereitet zuwenden. Anders ausgedrückt müssen wir uns zuerst durch die verschiedenen vorbereitenden Übungen zur Reife bringen. Die drei Hauptaspekte des Weges, über die wir gesprochen haben – Entsagung, Bodhicitta und Leerheit –, sind die gewöhnlichen Vorbereitungen auf die Praxis von Tantra. Zusätzlich müssen wir uns in den sogenannten ungewöhnlichen vorbereitenden Übungen des Tantra schulen. Dazu gehören der Erhalt der entsprechenden Einweihung oder Ermächtigung, das Einhalten der verschiedenen Verpflichtungen, die wir mit einer Einweihung auf uns nehmen, die Reinigung von allen Hindernissen für die Praxis, das Ansammeln positiver Energie und das Erlangen von Inspiration durch die tiefgründige Praxis des *Guru Yoga*, dem wir uns im nächsten Kapitel zuwenden.

Vajradhara

9 *Inspiration und der Guru*

DAS BEDÜRFNIS NACH INSPIRATION

Bevor wir das blitzschnelle Fahrzeug des Tantra besteigen können, müssen wir zuerst begreifen, warum es sowohl notwendig als auch möglich ist, die gewöhnliche, begrenzte Sicht von uns selbst aufzugeben und stattdessen die erleuchtete Identitität eines vollentfalteten Wesens zu erzeugen. Wir müssen begreifen, daß die niedrige Meinung, die wir über uns selbst haben und die uns nur im Kreislauf wiederholter Unzufriedenheit gefangenhält, nur deshalb entsteht, weil wir uns unseres grundlegenden, im Kern reinen Wesens nicht bewußt sind. Wenn wir die dafür notwendigen Voraussetzungen durch die Entwicklung von Entsagung, Bodhicitta und Weisheit schaffen und eintauchen in das klare Wesen unseres Geistes, dann erzeugen wir damit den Raum, in dem eine echte Verwandlung stattfinden kann.

Es reicht jedoch nicht aus zu begreifen, warum eine solche Verwandlung nötig und möglich ist; wir müssen auch die Kraft und das Vertrauen entwickeln, die es uns gestatten, dieses radikale Herangehen an die Erleuchtung wirklich zu wagen. In anderen Worten: Wir brauchen Inspiration. Wir müssen begreifen, daß das Erlangen von Erleuchtung – oder Vollendung, Buddhaschaft, Ganzheit oder wie wir das auch immer nennen wollen – nicht nur theoretisch möglich ist, sondern einen Zustand darstellt, den wir Menschen tatsächlich erreichen können. In der buddhistischen Tradition des Tantra ist diese Quelle von Inspiration der *Guru* – auf tibetisch *Lama* –, unser Lehrer und spiritueller Berater. Die Wurzel des tantrischen Weges ist unsere Vereinigung mit dieser Inspirationsquelle durch die Praxis des Guru-Yoga.

Im Augenblick sind wir nicht in der Lage, uns wirksam mit den Schwierigkeiten auseinanderzusetzen, die uns unsere Ichbezogenheit bereitet. Als Hilfe zur Lösung dieser Probleme hat Shakyamuni Buddha Methoden gelehrt, wie wir aus unserem Ego-Gefängnis ausbrechen und uns mit den erleuchteten Wesen der Vergangenheit, Gegenwart und Zukunft identifizieren können. Diese erleuchteten Wesen haben eine Zustand erreicht, in dem es keine Trennung und keine Unterscheidung zwischen hoch und niedrig gibt; es gibt nur die völlige Gleichwertigkeit der erleuchteten Erfahrung. Die Übung des Guru-Yoga bereitet uns auf diese Einheitserfahrung vollkommener Erfüllung vor. Wenn wir uns in Einheit mit unserem geistigen Meister sehen, verbannen wir Gedanken von Selbstmitleid: „Die Buddhas sind so erhaben, und ich bin ein Nichts dagegen." Wir lernen statt dessen unseren innersten Geist mit dem des Guru zu identifizieren, der als ungetrennt gesehen wird von allen Wesen, die jemals vollständiges Erwachen erfahren haben.

Durch die Übung des Guru-Yoga kann unsere begrenzte Weisheit zur Reife gelangen. Sein großes Mitgefühl, seine große Liebe und seine große Weisheit legen Samen in uns, und schießlich verkörpern wir selbst diese unendlich hilfreichen Eigenschaften. Wir werden selbst zum Guru und können auf diese Weise allen Wesen unermeßliche und unerschöpfliche Hilfe erweisen. Wenn wir diese Eigenschaften des wahren Guru nicht in uns selbst entfalten, wie können wir dann je irgendjemandem letztendliche Hilfe erweisen? Wir sind dann nicht einmal in der Lage, uns selbst zu helfen.

DER INNERE UND DER ÄUSSERE GURU

Die tantrischen Schriften sprechen oft davon, daß alle Verwirklichungen von den Lehrern kommen. Das trifft zu, doch müssen wir die beiden Ebenen des Begriffes „Guru" verstehen. Der relative oder objektive Guru ist der Lehrer, der sich mit uns auf unterschiedliche Art und Weise verständigt und uns so Anweisungen gibt, wie wir unsere innere Ganzheit entdecken können. Auf einer tieferen und eher subjektiven

Ebene ist unser Guru unsere eigene innere Weisheit, die grundlegende Klarheit unseres Geistes.

Schaut euch einmal an, wie unterschiedlich Menschen auf dieselben Lehren desselben geistigen Lehrers reagieren. Die eine Person begreift vielleicht nicht einmal mit ihrem Verstand die in den Lehren behandelten Vorstellungen. Ein anderer versteht sie vielleicht, ist jedoch nicht in der Lage, ihre innere Bedeutung zu begreifen. Und dann gibt es solche, die über die bloßen Worte und Vorstellungen hinausgehen und eine Erfahrung völligen Einsseins mit der Weisheit und dem Mitgefühl des Lehrers machen. Diese Reaktionen ergeben sich aufgrund der unterschiedlichen intellektuellen und geistigen Reife der einzelnen. Je mehr sie mit ihrem eigenen inneren Guru in Kontakt sind, desto tiefer ist ihr Verständnis der Lehren.

Praktisch gesprochen kann der relative, äußere Guru nur in begrenztem Maße etwas für uns tun; er oder sie kann uns keine Verwirklichungen garantieren. Unserem inneren Guru, unserer eigenen klaren Weisheit ist jedoch alles möglich. Die Praxis des Guru-Yoga ist daher in erster Linie eine Methode, mit der wir lernen, unserem inneren Guru zuzuhören.

Für gewöhnlich hören wir nicht auf diese innere Stimme der Weisheit, auch wenn wir sie besitzen. Wir hören sie nicht einmal! Wir sind zu sehr damit beschäftigt, den sinnlosen Unterhaltungen unseres groben, dualistischen Geistes zuzuhören. Wir sind so daran gewöhnt, daß wir Abwehr entwickeln, wenn sich unsere Weisheit einmal in einer intuitiven Einsicht zeigt. Durch die Praxis des Guru-Yoga können wir nach und nach unsere oberflächlichen Beziehungen zur Welt durchschauen und mit der angeborenen Weisheit im Herzen unseres Seins in Berührung kommen. Wenn wir das tun, dann können wir uns auch mit einem äußeren Guru wirklich verständigen. Solange wir jedoch nicht in Kontakt sind mit unserem inneren Guru, können wir die Lehren des äußeren Guru nie in unser Leben einbeziehen, gleichgültig wie tiefgründig sie auch sein mögen.

Wir sollten das nun aber nicht als Hinweis darauf verstehen, daß der äußere, relative Guru unwichtig sei. Das trifft nicht zu; er oder sie sind von höchster Bedeutung. Die tantrischen Lehren von Shakyamuni Buddha mag es seit zweieinhalb Jahrtausenden geben. Gibt es sie jedoch für uns, wenn wir noch keinem qualifizierten tantrischen Meister begegnet sind? Sind sie für uns Wirklichkeit oder nicht? Ungeachtet der umfassenden Erläuterungen von so verwirklichten Meistern wie Naropa, Marpa und Tsongkhapa, können wir davon sprechen, daß Tantra Wirklichkeit für uns besitzt, wenn uns niemand einen Zugang dazu erschlossen hat? Natürlich nicht! Das gleiche trifft auch für die Lehren des Sutra zu; die Tatsache, daß der Buddha vor langer Zeit die Vier Edlen Wahrheiten gelehrt hat, macht sie *noch lange nicht zu einer Wahrheit* für uns. Sie werden nur dann Teil unserer Wirklichkeit, wenn wir sie realisiert haben, und das ist nur möglich durch einen Guru, der uns ihre Wahrheit in einer für uns verständlichen Art und Weise klar darlegt.

Wenn es für uns nicht das lebende Beispiel und die Inspiration des äußeren Guru gibt, dann bleibt unsere innere Weisheit schwach und unentwickelt.

DER GEISTIGE MEISTER ALS VORBILD UND LEITFIGUR

Wenn uns die Lehren der erleuchteten Wesen erreichen und ihre Einsichten einen Eindruck in unserem Geist hinterlassen sollen, dann sollte es eine ununterbrochene Überlieferungslinie aufeinanderfolgender Gurus und Schüler geben, die diese Einsichten bis auf den heutigen Tag lebendig halten. Als Mitglied dieser Übertragungslinie kann der geistige Meister die Vier Edlen Wahrheiten für uns zum Leben erwecken, weil wir seinen Segen erhalten haben. Ein solcher Meister ist so vertraut mit eurem Charakter und euren Fähigkeiten, daß er die Vier Edlen Wahrheiten so klar verdeutlichen kann, daß euer Geist zum Weg der Verwirklichung wird. Das ist mit Inspiration oder Segen gemeint. Einfach das. Und die Praxis des

Guru-Yoga besteht darin, uns für diese Inspiration zu öffnen.

Im weiteren brauchen wir einen erfahrenen Meister, der uns zeigt, wie wir die Lehren, die wir erhalten haben, in die Praxis umsetzen können. Wir werden nirgendwo hingelangen, wenn wir das lediglich über Bücher versuchen und uns selbst einen Reim darauf machen. Die Informationen mögen alle da sein, doch sind nahezu alle tantrischen Texte in einer verschlüsselten Sprache abgefaßt. Sie enthüllen ihre Bedeutung erst dann, wenn ein erfahrener Praktizierender sie mit uns durchgeht; es ist auch nicht einfach, diese Informationen angemessen umzusetzen. Wir brauchen jemanden, der uns das zeigt, der uns praktische Hinweise dazu gibt. Diese Person ist der Guru. Die Notwendigkeit für einen solchen erfahrenen Meister wird dann besonders dringlich, wenn wir zur Praxis des Tantra kommen, denn beim Tantra geht es um ein sehr technisches – technisch in bezug auf unser Inneres – Entwicklungssystem. Wir sind solange darauf angewiesen, daß uns jemand genau zeigt, wie alles zusammenwirkt, bis wir in der Lage sind, es selbst zu spüren. Ohne eine angemessene Anleitung sind wir in der gleichen verwirrten Lage, wie ein Autokäufer, der statt eines fertigen Rolls Royce lediglich eine Ansammlung von Einzelteilen und ein Handbuch ausgehändigt bekommt. Wenn diese Person kein äußerst geschickter Mechaniker ist, steht sie völlig verloren da.

Der Hauptgrund dafür, daß sich die Religionen in Ost und West heutzutage in einem solchen Zustand des Verfalls befinden, besteht darin, daß man so selten gute geistige Vorbilder findet. Wenn die Menschen niemals hochentwickelten Wesen begegnen, können sie die grenzenlosen Möglichkeiten ihres eigenen menschlichen Bewußtseins nie kennenlernen. Es reicht nicht aus, daß es Schriften gibt, in denen von den Taten und Verwirklichungen vergangener Meister erzählt wird. Solche Geschichten alleine können uns nicht viel Inspiration schenken. Sie verstärken vielleicht sogar eher unser Gefühl der Ferne. „Buddha und Jesus haben vor so langer Zeit gelebt", denken wir vielleicht, „und ihre Reinheit gehört zu einer anderen Zeit. Als Menschen dieses entarteten zwanzigsten Jahrhunderts können wir niemals eine solche Stufe von Reinheit erreichen." Vielleicht lehnen wir diese Berichte über vergangene Meister ganz ab und weisen sie zurück als Märchen für leichtgläubige Kinder. Solche Gefühle von Zweifel, Unfähigkeit und Zynismus können wir nur durch die unmittelbare Begegnung mit einem Meister oder einer Meisterin zum Schweigen bringen, die ihr höchstes Potential verwirklicht haben. Erst dann besitzen wir ein lebendiges Beispiel von Reinheit und geistiger Entwicklung, das wir erkennen und auf das wir uns beziehen können.

Aus diesen Gründen ist ein äußerer Guru von höchster Wichtigkeit. Wir brauchen das Beispiel eines Menschen, der, obgleich ein Mensch wie wir selbst, die Grenzen des uns derzeit denkbar Möglichen überschritten hat. Wenn wir jemand sehen, der die Selbstsucht und die kleinlichen Sorgen dieser Welt überwunden hat und dennoch in dieser Welt lebt, jemanden, der aus seiner intuitiven Weisheit heraus spricht und handelt und sich ganz dem Wohlergehen von anderen widmet, können wir das Vertrauen und die Überzeugung entwickeln, daß auch wir das zu erreichen vermögen. Wenn unsere Vorbilder jedoch nur Gier und Haß ausstrahlen, dann ist die Vision dessen, war wir sind und sein können, sehr begrenzt. Und das wäre doch äußerst schade.

Nicht nur wir, die wir einem geistigen Weg folgen möchten, brauchen gute Vorbilder. Was die Welt heute am nötigsten braucht ist Frieden und Harmonie; wir alle brauchen das, ob wir uns religiös nennen oder nicht. Frieden entsteht jedoch nicht durch bloße Worte und ganz sicherlich nicht durch Gewalt. Wir brauchen stattdessen Menschen die Frieden und Harmonie zum Mittelpunkt ihres Lebens gemacht haben. Nur das Beispiel solcher Menschen, die in Stärke und Reinheit leben, wird die enttäuschte Welt davon überzeugen, daß auch wir hier und heute inneren und äußeren Frieden schaffen können.

ÜBERTRAGUNG DURCH ERMÄCHTIGUNG

Wenn wir Fortschritte auf dem tantrischen Weg zur Vollendung machen wollen, dann muß es zu einer Begegnung zwischen dem inneren und äußeren Guru kommen. Unser eigenes Erleuchtungspotential muß durch die Begegnung mit jemandem, der dieses Potential schon völlig entfaltet hat, gestärkt und angeregt werden. Jedes tantrische *sadhana* – ein Werkzeug zum Erreichen eines bestimmten Zieles – rückt eine Meditationsgottheit ins Zentrum unserer Aufmerksamkeit, die eine bestimmte Seite des völlig entfalteten, erleuchteten Geistes darstellt. Und so wie der gewöhnliche, egozentrische Geist seine ihm eigene, besondere Umgebung erschafft, so erschafft der völlig verwirklichte Geist der Gottheit die ihr eigene verwandelte Umgebung, in der sie zum Wohle anderer wirkt. Diese Verbindung von Gottheit und verwandelter Umgebung nennt man ein *mandala*, und wenn wir eine bestimmte Gottheit in uns selbst verwirklichen möchten, muß uns zuerst ein befähigter tantrischer Meister in ihr Mandala einführen. Nur dann führen die nachfolgenden Übungen zur Umwandlung von uns selbst zum Erfolg.

Jede tantrische Gottheit hat ihre eigene ungebrochene Linie von Praktizierenden. Um authentisch und verläßlich zu sein, muß eine solche Überlieferungslinie auf der Erfahrung eines voll erleuchteten echten Meisters beruhen. Des weiteren muß diese Erfahrung über eine ungebrochene Folge von Meistern, von denen jeder einzelne durch seine Praxis die Gottheit verwirklicht hat, an uns weitergegeben worden sein. Die Stärke des Tantra– in der wörtlichen Bedeutung „fortwährend" oder „Kontinuität"– liegt in seiner Bewahrung und Weitergabe der Erleuchtungserfahrung durch eine kontinuierliche, ungebrochene Linie von Praktizierenden. Es ist von daher wichtig, daß wir einen Kontakt mit dieser lebendigen Überlieferungslinie herstellen, wenn wir den Wunsch nach einer grundlegenden Umwandlung von uns selbst verspüren; der Kontakt selbst wird durch eine Einweihung oder Ermächtigung hergestellt.

Wenn wir eine Ermächtigung erhalten, dann wird dadurch eine bestimmte Energie in uns geweckt. Durch eine enge Beziehung und Kommunikation mit dem Guru wird unser Potential lebendig, das uns befähigt, den tantrischen Pfad bis zur Vollendung zu gehen. Eine Einweihung ist eine gemeinsame Meditation; Einweihung bedeutet nicht, daß ein exotisch gekleideter Mönch aus Tibet uns mit seinen Zauberkräften, Kräfte beschert, damit wir mit ihnen Schlangen und Skorpione bändigen können! So sollten wir nicht an eine Einweihung herangehen. Wir sollten uns auch nicht in erster Linie mit den äußerlichen Aspekten der Zeremonie befassen – mit den Gebeten, dem Singen, dem Läuten der Glocken und dergleichen. Wir müssen in erster Linie die große innere Bedeutung der Einweihung verstehen.

Es gibt eine wunderbare Geschichte über den hochverwirklichten Yogi Tilopa aus dem zehnten Jahrhundert und seinen Schüler Naropa. Diese Geschichte gibt ein anschauliches Bild von Sinn und Bedeutung einer tantrischen Ermächtigung. Naropa sehnte sich sehr nach einer Einweihung durch Tilopa und hatte ihn über die Jahre sehr oft darum gebeten. Tilopa, dessen Verhalten häufig ungeheuerlich und unberechenbar war, erfüllte diese Bitte jedoch nicht. Manches Mal gab er vor, Naropa nicht zu hören; manchmal gab er ihm scheinbar unsinnige Antworten. Naropa bestand jedoch auf seinem Wunsch.

Eines Tages, nach zwölf Jahren, in denen Tilopa seinen Schüler zahllosen enttäuschenden und gefährlichen Umständen ausgesetzt hatte, wanderten die beiden durch eine trockene Wüste. Plötzlich verkündete Tilopa: „Jetzt ist die Zeit für deine Einweihung gekommen. Bringe mir ein Mandala dar!“ In diesem Zusammenhang bedeutet ein Mandala die symbolische Darbringung des ganzen Weltalls, und das Mandala, das man einem Guru mit der Bitte um eine Einweihung darbringt, besteht für gewöhnlich aus vielen kostbaren, schön zusammengestellten Dingen. In dieser Wüste gab es jedoch garnichts. So blieb Naropa nichts anderes übrig, als in den Sand zu urinieren und aus diesem feuchten Sand ein sehr unförmiges Mandala zu bilden. Tilopa nahm diese ungewöhnliche Gabe an und gab seinem Schüler die Einweihung, indem er ihm das Mandala an den Kopf warf! Naropas Geist wurde durch diese unorthodoxe Einweihung so berührt, daß er auf der Stelle in einen tiefen beseligenden Versenkungszustand fiel *(samadhi)*. Als er lange Zeit später aus seinem tiefen Samadhi erwachte, war sein Guru längst verschwunden. Naropa hatte jedoch erhalten, worauf er so viele Jahre gewartet hatte: die tatsächliche Weitergabe erleuchteter Einsicht.

Der Clou dieser Geschichte besteht in dem Hinweis, daß es bei einer Einweihung nicht lediglich um ein Ritual geht. Weit gefehlt. Eine Einweihung ist eine ganz besondere Art und Weise der Verständigung zwischen Guru und Schüler und hängt aus diesen Gründen ebensosehr von der Offenheit und Entwicklungsstufe des Schülers wie von den Verwirklichungen des Lehrers ab. Eine derartige tiefe Kommunikation erweckt unser innerstes Wesen zum Leben, und wir werden dadurch ermächtigt, ununterbrochen zu praktizieren und alle Fähigkeiten auf dem Weg zur Erleuchtung zu entfalten.

Viele Menschen, im Osten wie im Westen, hängen falschen Vorstellungen an, was die Vorgänge bei einer tantrischen Ermächtigung angeht. Sie glauben, sie müßten lediglich dabeisein und für alles übrige sorge der Lama. „Er gibt uns etwas ganz Besonderes und solange ich anwesend bin, werde ich es auch erhalten." Das drückt eine allzu große Passivität aus. Eine echte Ermächtigung findet nur dann statt, wenn beide, Schüler wie Lehrer, aktiv daran teilnehmen. Es geht dabei um eine Erfahrung, die zwei Menschen miteinander teilen. Nur wenn das geschieht, findet eine echte Ermächtigung statt.

EINE EINWEIHUNG ERHALTEN

Wenn wir eine Einweihung erhalten möchten, dann reicht die rein körperliche Anwesenheit nicht aus. Es reicht nicht aus, zu einer bestimmten Zeit an einem bestimmten Ort zu sein, damit man von jemand anderem etwas erhält; es gehört eine aktive geistige Teilnahme dazu. Wir müssen loslassen können, damit die Erfahrung geschehen kann. Es geht nicht darum, verspannt und besitzergreifend zu sein. Die Einweihung ist mit all ihren dazugehörigen Meditationen ein Weg zur Erfahrung von Ganzheit, und diese Ganzheit ist das Gegenmittel für unseren gespaltenen, unzufriedenen, fanatischen, dualistischen Geist. Durch die innere Erfahrung einer echten Einweihung werden alle Hindernisse, die der Realisierung dieser Ganzheit entgegenstehen, beseitigt. Und zwar nicht durch etwas, von dem wir hören oder das wir studieren, sondern durch eine unmittelbare Erfahrung.

Warum spricht man dann von einer Einweihung? Weil damit eine Meditationserfahrung beginnt, weil dadurch unsere Konzentrationskraft angeregt wird und wir anfangen, in unserer Meditation in die Wirklichkeit aller Dinge einzudringen. Durch die Kraft einer solchen Einweihung sind wir in der Lage, die Weisheit, das Geschick und die große Offenheit und Liebe, die jetzt schon in uns sind, zu nutzen. Wir erwachen zu etwas, was wir bereits besitzen.

Es ist sehr wichtig zu erkennen, daß wir diese Eigenschaften – Weisheit, Geschick und Mitgefühl – bereits besitzen. Wir machen einen Fehler, wenn wir glauben, daß wir eine von ihnen nicht besäßen; wir machen einen Fehler, wenn wir glauben, durch eine Ermächtigung Eigenschaften erlangen zu können, die dem, was wir in uns tragen, fremd wären. Die buddhistischen Lehren im allgemeinen und die tantrischen im besonderen betonen immer wieder, daß wir alle bereits eine unerschöpfliche Quelle von tiefgründiger Weisheit und großer, liebevoller Güte in uns tragen. Diese Quelle gilt es zu finden und dieses Erleuchtungspotential zum Leben zu erwecken.

Damit eine Einweihung wirksam wird, müssen beide, Guru und Schüler, zur Schaffung einer angemessenen Atmosphäre beitragen. Es ist Aufgabe des Guru, die Ermächtigung so durchzuführen, daß sie den Geist der Schüler berührt, und er muß auch das Geschick und die Flexibilität besitzen, die Einweihung unter Berücksichtigung der Fähigkeiten der Schüler zu gestalten. Die Schüler müssen wissen, wie sie eine offene, weitherzige Haltung entwickeln und den Geist in dieser Weise empfänglich machen können. Wenn sie zu stark an den Objekten der Sinne hängen oder zu verstrickt sind in selbstsüchtige Gedanken oder zu stark an der Erscheinung der Dinge als aus sich selbst heraus existierend festhalten, gibt es in ihrem Geist keinen Raum für Verwirklichungen. Wenn sie sich hingegen genügend in der Entwicklung von Entsagung, Bodhicitta und der rechten Sicht von Leerheit geschult haben, wird es ihnen nicht allzu schwer fallen, die Last ihrer Vorurteile abzuwerfen und sich zu öffnen für die Weitergabe tiefer Einsicht.

Wenn beide, Guru wie Schüler, entsprechend befähigt sind, ist die Ermächtigung durchdrungen von großer beseligender Weisheit. Statt lediglich eine Voraussetzung zu sein, die erfüllt sein muß, bevor man den tantrischen Pfad beschreitet, verkörpert eine Einweihung in einem solchen Fall die transzendentale, beseligende Weisheit des Pfades. In der Vergangenheit geschah es oftmals, daß Schüler während einer Einweihung Erleuchtung erlangten.

Und es ist wichtig, daran zu denken, daß für ernsthafte Praktizierende eine Einweihung keine einmalige Angelegenheit ist. Es ist Brauch, eine Einweihung in eine bestimmte Gottheit immer wieder zu erhalten, und jedesmal ist man offener für immer tiefere Erfahrungen. Wir sollten also nicht enttäuscht darüber sein, daß sich unsere Meditation anfangs auf der Ebene bloßer Vorstellungen bewegt und keine echte Erfahrung darstellt. Das ist gut genug; glaubt ja nicht, das reiche nicht aus. Auch wenn wir uns eine Erfahrung lediglich vorstellen, so säen wir damit Samen in dem weiten Feld unseres Bewußtseins, und irgendwann in der Zukunft werden diese Samen als echte Erfahrungen reifen. Das ist ein ganz natürlicher Vorgang. Ihr solltet von daher stets offen und entspannt sein und euch mit dem zufriedengeben, was gerade geschieht.

DIE FORMELLE PRAXIS DES GURU-YOGA

Wenn wir eine Einweihung in die Praxis einer bestimmten Meditationsgottheit erhalten haben, beginnen wir vielleicht damit, jeden Tag den Sadhana dieser Gottheit zu praktizieren. Eine der ersten Meditaionen in dem Sadhana ist der Guru-Yoga, der meist auf folgende Weise aufgebaut ist: Entweder vor uns oder über unserem Scheitel stellen wir uns die Hauptgottheit des Tantra vor, das wir gerade praktizieren, umgeben von den verschiedenen Gurus seiner Überlieferungslinie. Die Gurus dieser Überlieferungslinie sind aufeinander folgende Meister, die diese Lehren und Verwirklichungen weitergegeben haben. Dazu gehören alle Lehrer, angefangen beim ersten Meister der Linie bis hin zu unserem eigenen geistigen Meister, dem Lehrer, von dem wir die Ermächtigung erhalten haben.

Im folgenden bitten wir die versammelten Meister, uns ihre Inspiration und ihren Segen zu schenken, worauf sie miteinander verschmelzen, in Form von Licht durch unseren Scheitel in uns eintreten, im Zentralkanal (siehe Kapitel zehn) nach unten sinken und sich schließlich in unserem Herzzentrum auflösen. Bei diesem Geschehen lösen sich alle dualistischen Erscheinungen und Vorstellungen im klaren Raum der Leere auf. Im Anschluß daran meditieren wir über das Gefühl, daß unser Guru, eins in seiner Essenz mit der Meditationsgottheit, und unser eigenes feines Bewußtsein ununterscheidbar eins geworden sind.

Die Essenz des Guru ist Weisheit: der vollkommen klare und strahlende Zustand des Geistes, in dem Seligkeit und Verwirklichung von Leerheit untrennbar eins sind. Wenn wir uns also vorstellen, wie unser Guru in unser Herz sinkt, dann sollten wir das Gefühl haben, daß diese Weisheit einen unzerstörbaren Eindruck in unserem grundlegenden Geist hinterläßt. Von diesem Zeitpunkt an sollten wir uns immer wieder an diese innere Erfahrung von großer Seligkeit und ungeschiedener, nichtdualistischer Weisheit erinnern, gleichgültig unter welchen Umständen wir leben mögen. Wenn wir in unserer Achtsamkeit für diese innere Erfahrung nachlässig werden, geraten wir schnell wieder unter den Einfluß unserer gröberen Sinneserfahrungen und schließlich verschwindet die innere Seligkeit der ungeschiedenen Weisheit ganz und gar.

Wenn wir uns unseren geistigen Meister als die Meditationsgottheit vorstellen, sollten wir vor allem an seine bzw. ihre Güte und Sorge für uns denken. In einfachen Worten ausgedrückt, sollten wir daran denken, daß die Guru-Gottheit Anteil an uns und unserem Leben nimmt, als sei sie uns Vater, Mutter, Ehefrau oder Ehemann. Sie sorgt sich um uns, um die höchstmögliche Gesundheit von Körper und Geist, als sei sie ganz alleine für uns da. So sollte unsere Beziehung zur Guru-Gottheit aussehen.

Wenn wir solche Vorstellungen entwickeln und uns an die uns persönlich erwiesene Güte unseres Guru erinnern, entsteht eine äußerst starke Beziehung. Statt ein vages, unpersönliches Bild wahrzunehmen, sehen wir die Gottheit als untrennbar in ihrer Essenz von unserem unermeßlich gütigen geistigen Meister. Auf diese Weise entsteht ein Gefühl unglaublicher Nähe. Durch diese Vertrautheit und die Vorstellung der Gottheit als strahlend schöne Lichtgestalt wird uns sehr schnell Inspiration geschenkt. Eure Visualisierung zieht Inspiration und den Segen der Lehrer gleichermaßen an wie ein Magnet, und das hilft uns klare Realisierungen zu entwickeln. Und darum geht es letzten Endes bei der Praxis des Guru-Yoga. Sinn und Zweck der Betrachtung des Guru als erhabenes Wesen hat nichts mit irgendwelchen Vorteilen für den Lehrer zu tun – ein echter Guru braucht eine solche Verehrung nicht –, sondern trägt einzig und allein zu unserer schnellen geistigen Entwicklung bei.

FORTWÄHRENDES ERKENNEN VON EINHEIT

Wir sollten die Wahrnehmung der grundlegenden Einheit von Guru, Gottheit und uns selbst nicht nur während der formellen Meditationspraxis aufrechterhalten. Wir müssen in jedem

Augenblick unseres Lebens Guru-Yoga üben und uns mit dem grundlegenden Buddha-Wesen unseres Guru identifizieren, d.h. die Wesenseinheit mit seiner Buddha-Natur erkennen. Statt ständig über unseren unglücklichen, unzufriedenen Geist nachzudenken, sollten wir uns in der Wahrnehmung des grundlegenden Einsseins mit dem letztendlichen Guru in uns schulen. Auch wenn ein äußerst ichsüchtiger Gedanke entsteht, sollten wir ihn nicht dadurch stärken, daß wir uns mit diesem verblendeten Geist identifizieren, sondern stattdessen gerade diesen Geist als die erleuchtete Ganzheit der Guru-Buddha-Natur, der sogenannten Dharmakaya-Erfahrung erkennen (siehe Kapitel zehn). Dann können wir plötzlich sogar diese verblendete geistige Energie nutzen und sie so umwandeln, daß sie zu großer Weisheit wird. Darin besteht die herausragende Lehre des Tantra.

INSPIRATION BERÜHRT UNSER HERZ

Eine uns allen gemeinsame Schwierigkeit besteht darin, daß sich unser Wissen auf dem Gebiet spiritueller Dinge meist auf unseren Kopf beschränkt und nicht von Herzen kommt. Wir sind stolz auf unsere vielen Studien und Kenntnisse über die Religionen der Welt, wir kennen vielleicht sogar alle ihre philosophischen Begriffe und Meditationsübungen, und doch sind wir im Grunde völlig außer uns und machen uns ständig etwas vor. Wir Tibeter haben ein Sprichwort: „Auch wenn man Leder mit Butter schmiegsam machen kann, so bleibt doch der Lederbeutel, in dem man die Butter aufbewahrt, steif und fest." Auch wenn spirituelles Wissen unsere konkreten, einegenden Vorurteile aufweichen und unsere Täuschungen zähmen soll, so kann man doch jede Menge intellektuelles Wissen über Religion anhäufen, ohne dadurch eine Veränderung zu erfahren. Eine trockene, intellektuelle Herangehensweise an spirituelle Dinge kann unser Herz weder berühren noch beeinflussen.

Was unserem Geist fehlt ist die entsprechende Inspiration

oder der Segen. Wir müssen durch eine lebendige Erfahrung von ganzem Herzen von der Existenz und Wirksamkeit einer kraftvollen spirituellen Wirklichkeit in uns und außerhalb von uns überzeugt sein. Anderenfalls bleibt das Auge unserer Weisheit blind, und wir sind nicht in der Lage, diese tiefgründige Wirklichkeit wahrzunehmen, gleichgültig, wieviel wir auch darüber wissen mögen.

Wie schon zuvor erwähnt, schenkt uns der Guru diese notwendige Inspiration, er ist das Bindeglied zwischen unserem Bewußtsein und der eigentlichen Erfahrung von Transzendenz. Im Verhalten unseres eigenen Guru können wir die hilfreichen Auswirkungen einer gründlichen Schulung des Geistes in Liebe und Mitgefühl selbst erkennen. Wenn wir an seine lebenslange Hingabe an andere denken und an die Tatsache, daß er oder sie Ichsucht überwunden hat, und an die vielen weiteren hervorragenden Eigenschaften, die er oder sie verkörpert, dann lassen wir diese erleuchteten Eigenschaften durch die Aufnahme aller Überlieferungsgurus in unser Herz ganz tiefe Wurzeln in uns schlagen. Generationen von Gurus und Schülern haben die Erfahrung gemacht, daß die wiederholte Übung solcher Visualisierungen, in Verbindung mit dem Loslassen aller konkreten Vorstellungen über uns selbst, tiefgreifende Auswirkungen auf unseren Geist hat und unser trockenes, intellektuelles Wissen in organische Einsicht verwandeln kann.

Wenn wir diese Übungen der Guru-Hingabe durchführen, sollten wir geduldig und langsam vorgehen. Es ist äußerst wichtig, daß wir uns nicht aus einem falschen Gefühl des Verpflichtetseins zu etwas zwingen, was uns nicht angemessen scheint; ich denke jetzt ganz besonders an die Visualisierung des Guru als untrennbar von der Meditationsgottheit. Wir können in der Tat ihr grundlegendes Einssein solange nicht erfahren, bis wir in gewissem Ausmaß die Eigenschaften der Gottheit in uns selbst entfaltet haben. Wir sollten uns daher nicht unter Druck setzen. Es wäre wirklich schade, wenn diese tiefgründigen tantrischen Übungen zu einem Brauch entarten würden, dem wir uns verpflichtet fühlen.

Dann wären wir nicht besser als viele Kirchgänger, die einfach deshalb den Gottesdienst besuchen, weil sie glauben, daß ihre Gesellschaft das von ihnen erwartet. Um das zu vermeiden, sollten wir uns den Raum geben, in dem sich unsere Praxis in unserem eigenen Rhytmus und Zeitmaß entwickelt. Je vertrauter wir mit der grundlgenden Natur unseres eigenen Geistes und den guten Eigenschaften unseres Guru werden, und je mehr wir die positiven Auswirkungen einer Meditation über eine Gottheit aus Licht kennenlernen, desto umfassender und tiefer wird unsere Wertschätzung für diese Übungen des Guru-Yoga.

SCHLUSS MIT DEN GEWÖHNLICHEN ERSCHEINUNGEN

Die verschiedenen Übungen des Tantra helfen uns nicht nur, die vergebliche Abhängigkeit von gewöhnlichen Freuden zu überwinden, sondern auch unser gewohntes Fürwahrhalten gewöhnlicher Erscheinungen und Vorstellungen. Seit anfangloser Zeit unterliegen wir einer Gehirnwäsche, die uns dazu bringt, die Welt, die wir mit unseren äußerst begrenzten und dualistischen fünf Sinnen wahrnehmen, für die letztendliche Wirklichkeit zu halten; und jetzt gehen wir daran, diese tief verwurzelte Gewohnheit zu durchbrechen. Das ist kein einfaches Unterfangen; unsere Weisheit gleicht der eines Säuglings, sie wird schnell vom groben Sinnesbewußtsein überwältigt. Wir ähneln einem Wissenschaftler, der aufgrund seiner Untersuchungen und seiner Überlegungen weiß, daß ein Tisch z. B. nicht mehr ist als eine momentane Ansammlung unerschöpflicher Energie, und doch in größte Schwierigkeiten gerät, wenn er etwas anderes sehen will als einen soliden, statischen Gegenstand. Aus diesem Grund müssen wir uns immer wieder in diesen Visualisierungen üben, die uns helfen, unsere verkehrte Wahrnehmung von konkreter Selbstexistenz aufzulösen, und unser Verständnis und unsere Erfahrung von Nichtdualität stärken.

Eine Hauptschwierigkeit dabei ist, daß es uns natürlicherweise leichter fällt, die Wirklichkeit unserer groben Sinneserfahrungen anzunehmen als die unserer Visualisierungen. Häufig denken wir: „Auch, wenn ich mich als Lichtwesen sehen kann, so gebe ich das ja nur vor; es ist lediglich ein Spiel meines Geistes. Es ist nicht wirklich. Aber mein physischer Körper, der ist *wirklich* da; den kann ich berühren und im Spiegel sehen."

Wir müssen begreifen lernen, daß die Erfahrungen, die wir in unserer Vorstellung und die, die wir durch unsere Sinne machen, gleichwertig sind. Beide existieren lediglich für den Geist, der sie erfährt; sie besitzen beide keine letztendliche Wirklichkeit aus sich heraus. Ein Hauptunterschied besteht allerdings darin, daß uns unsere gewöhnlichen Sinneserfahrungen an den Kreislauf ständig sich wiederholender Unzufriedenheit und Leiden binden, während uns die Visualisierung eines Bewußtseinkörpers aus Licht und Übungen wie die Auflösung des Guru in uns Zugang zu einer sehr feinen, grundlegenden Ebene unseres Wesens geben. Mit diesem feinen Bewußtsein des Klaren Lichtes können wir uns aus dem Gefängnis unserer gewöhnlichen, groben Vorstellungen befreien und das immerwährende Glück vollständiger Erleuchtung erfahren.

Wenn ihr noch keinen Vorgeschmack auf euren grundlegenden Geist erlangt habt und bislang keine Möglichkeit seht, wie ihr den Zustand durchdringenden Gewahrseins und umfassender Offenheit erlangen könnt, der alles euch nur Denkbare übersteigt, dann seid ihr natürlich skeptisch. Ihr haltet vielleicht die Freude, die ihr beim Eisessen erfahrt, für wirklich und jede während einer Meditation erfahrbare Freude für trügerisch. Der einzige Weg zur Überwindung einer solchen Skepsis besteht darin, daß ihr euch immer mehr vertraut macht mit eurer inneren Wirklichkeit, bis sie eine unwiderlegbare Erfahrung geworden ist. Und diese Vertrautheit mit der tiefen Glückseligkeit eures eigenen Geistes entsteht durch die Übung des Guru-Yoga und weiterer Methoden der Umwandlung, die im Anschluß daran geübt werden.

10 Eintritt ins Höchste Tantra

VAJRAKÖRPER UND EINGEBORENER GEIST

Dem höchsten Yoga-Tantra zufolge gibt es nicht nur die groben Ebenen von Körper und Geist – meist die einzigen Ebenen, die wir kennen – sondern auch feine Ebenen, deren wir uns meist nicht bewußt sind. Unsere gewöhnliche körperliche Form, die aus materiellen Elementen besteht, unterliegt den Leiden von Krankheit, Verfall und Tod. Allein die Tatsache, daß wir einen Körper besitzen, bindet uns an das sich ständig wiederholende Leiden unseres gewöhnlichen Daseins. In diesem groben Körper existiert ein sehr viel feinerer Körper, der sogenannte Vajrakörper, wobei die Bezeichnung „Vajra" auf seine Unzerstörbarkeit hinweist. So wie unser grober, vergänglicher Körper vom gewöhnlichen Nervensystem durchdrungen wird, so ist dieser feine Vajrakörper von Tausenden von Kanälen (*nadi*) durchdrungen, in denen Energiewinde (*prana*) und Tropfen (*bindu*) fließen, Quellen der Seligkeit, die in der Praxis des Höchsten Tantra eine so zentrale Bedeutung besitzen.

Genauso wie unser grundlegend reiner und glückseliger Geist existiert auch dieser feine Bewußtseinskörper jetzt, in diesem Augenblick, in uns, und die Aufgabe des tantrischen Praktizierenden besteht darin, ihn zu entdecken und zu nutzen. Wenn wir einmal in der Meditation mit diesem klaren, bewußten Lichtkörper in Berührung gekommen sind, dann bereitet uns unser grober physischer Körper keine Schwierigkeiten mehr, weil wir dann über ihn hinausgegangen sind. Körperliche Beschränkungen sind lediglich ein weiteres Symptom von Ichsucht. Wenn wir eins werden mit unserer grundlegend reinen Natur, werden wir alle diese Beschränkungen überwinden. In dem Augenblick ist der strahlende Lichtkörper der Gottheit (siehe S.137) nicht mehr nur ein visualisiertes Ziel, sondern er ist Wirklichkeit geworden.

Es ist hier nicht der Ort, den Vajrakörper und seine Kanäle, Winde und Tropfen in allen Einzelheiten zu besprechen, es ist aber hilfreich den Hauptkanal (*avadhuti* oder *shushumna*) kurz zu erwähnen, da er von großer Bedeutung ist. Dieser Kanal verläuft vom Scheitel in gerader Linie nach unten bis zu einem Punkt unmittelbar vor dem Ende der Wirbelsäule. In diesem Hauptkanal gibt es verschiedene Brennpunkte von Energie, die man Chakras oder Energieräder nennt. Jedes dieser Chakras erfüllt eine bestimmte Aufgabe in der Praxis des Tantra. In Abhängigkeit von dem Tantra, dem wir folgen, und von Stufe oder Aufgabe, auf die wir uns in der Meditation ausrichten, bringen wir unsere Aufmerksamkeit zu einem dieser Energiezentren und versenken uns darin. Wir gehen da nicht nach eigenem Gutdünken vor; die tantrischen Schriften und Kommentare enthalten genaue Beschreibungen, und der geistige Meister erläutert seinen befähigten Schülern diese Vorgänge.

Das wichtigste Chakra befindet sich auf der Höhe unseres Herzens, denn im Herz-Chakra wohnt der äußerst feine Geist: der kostbarste Schatz aller Praktizierenden des Tantra. Seit wir empfangen wurden, gehört dieser Geist zu uns; in der Tat ist dieses geistige Kontinuum, zusammen mit dem es unterstützenden Energiewind, seit unzähligen, anfanglosen Leben mit uns. Als das grundlegende Bewußtsein, das während unseres Lebens in unserem Herz-Zentrum ruht, wird dieser äußerst feine Geist manchmal auch als eingeborener Geist bezeichnet. Obgleich dieser Geist ohne Unterbrechung von Leben zu Leben geht, hat er sehr wenig Gelegenheit auch zu wirken. Was ihn am Wirken hindert – an der Erfüllung seiner allerwichtigsten Funktion, dem Durchdringen des universellen Wesens der Wirklichkeit –, ist das ständige Entstehen zahlreicher grober Geisteszustände. Sie gleichen Touristen, die in ständiger Bewegung herein- und herausströmen, und sie überwältigen den ruhenden, eingeborenen Geist.

Die Beweglichkeit aller Arten von Geist, seien sie grob oder fein, hängt von den sie unterstützenden Energiewinden ab, auf denen sie sich bewegen. Solange sie sich in irgendeinem der Tausende von Nebenkanälen und nicht im Hauptkanal bewegen, regen diese Winde die groben geistigen Zustände an, die Touristenscharen, die immer wieder begriffliche Vorstellungen und Verwirrung – das was unsere gewöhnlichen Lebenserfahrungen ausmacht – hochkommen lassen. Wenn diese Winde jedoch in den Hauptkanal eintreten, dort bleiben und sich in ihm auflösen – wie das auf natürliche Weise zum Beispiel im Augenblick des Todes geschieht –, dann versiegen diese groben geistigen Zustände, und an ihrer Stelle erwacht der äußerst feine Geist des Klaren Lichtes.

Wenn sich die Energiewinde im Hauptkanal auflösen, verschwindet die Umgebung, innerhalb derer unsere groben geistigen Vorgänge für gewöhnlich wirken, die Touristenabteilung schließt, und unsere begrifflichen Vorstellungen hören auf zu kommen und zu gehen. In der darauffolgenden Stille erwacht unser ursprüngliches, grundlegendes Bewußtsein – der eingeborene Geist.

Dieser ganze Vorgang geschieht von alleine, wenn wir sterben; einige Menschen sind allerdings darin geschult, das Auftauchen des äußerst feinen Bewußtseins des Klaren Lichtes in diesem entscheidenden Augenblick zu nutzen. In der Tat sind nur sehr wenige Menschen in der Lage, es zu erkennen. Der tantrische Yogi und die tantrische Yogini schulen sich allerdings nicht nur darin, dieses glückselige Bewußtsein im Augenblick des Todes zu erkennen, sondern versuchen, diesen durchdringenden Geist des Klaren Lichtes zu Lebzeiten in der Meditation zu erwecken und damit vollständig über ihn verfügen zu können. Indem sie eine tiefe Konzentration auf den Vajrakörper im allgemeinen und den Hauptkanal im besonderen entwickeln, können sie die groben Ebenen der geistigen Vorgänge durchschauen und in Berührung kommen mit ihrem ursprünglichen Geist. Sie können dann diesen kraftvollen, konzentrierten Geist zur Meditation über die Leerheit von Selbstexistenz nutzen, das letztendliche Wesen der Wirklichkeit durchdringen und damit Freiheit von allen Verblendungen erlangen. Wenn wir uns in der Weise völlig in den klaren Raum der Ungeschiedenheit auflösen, findet gleichzeitig eine Explosion unbeschreibbar glückseliger Energie statt. Die Einheit von großer Seligkeit und gleichzeitigem Verständnis von Leerheit ist der schnellste Weg zur Erleuchtung (im Tantra wird er *mahamudra*, das große Siegel, genannt).

EINE NEUE SICHT DES TODES

Die Auflösung der Energiewinde unseres Vajrakörpers im Hauptkanal ist ein entscheidender Punkt in fortgeschrittenen tantrischen Übungen. Weil diese Auflösung beim Sterben ganz natürlich stattfindet, sollen wir uns jetzt schon mit den Vorgängen beim Sterben so vertraut wie möglich machen.

Viele von uns befassen sich nur äußerst ungern mit dem Tod, wir schieben sogar den bloßen Gedanken an Tod weg. Er versetzt uns in Schrecken, und wir finden das ganze Thema geradezu geschmacklos. Wir müssen jedoch unbedingt begreifen, wie unser Geist funktioniert, und zwar nicht nur untertags, sondern auch wenn wir schlafen und im Augenblick des Todes. Dafür müssen wir uns mit Dingen befassen, die wir bis heute tunlichst gemieden haben. Wenn wir uns mit Tod und Sterben befassen, werden wir feststellen, daß er, statt ein schreckerregendes schwarzes Loch zu sein, das uns zu verschlingen droht, möglicherweise eine Quelle großen Trostes und sogar der Freude sein kann.

Für gewöhnlich halten wir Sterben für etwas Negatives, doch ist das einfach eine Projektion. In der Tat kann Sterben uns eine sehr viel angenehmere Erfahrung bescheren als das, was wir für gewöhnlich als freudvoll ansehen; denn gewöhnliche Erfahrungen sind nicht in der Lage, uns große Seligkeit und großen Frieden zu schenken. Eine schöne Blume kann uns etwas geben, allerdings nicht die außergewöhnliche Freude und den Frieden, die wir im Sterben erfahren können. Ein Freund oder eine Freundin können uns ein gewisses Maß an Freude oder Seligkeit schenken, sie können jedoch keine unserer grundlegenden Schwierigkeiten lösen; sie können lediglich zu einer kurzfristigen Lösung eher oberflächlicher emotionaler Probleme beitragen. Im Augenblick unseres Todes hören jedoch alle unsere emotionalen Schwierigkeiten und Ängste auf. Wenn sich unsere im Widerstreit liegenden Vorstellungen über dies und das auf natürliche Weise im Raum auflösen, dann ist der Weg frei für die Erfahrung einer außergewöhnlichen, durchdringenden Einsicht. Was wir von daher begreifen müssen, ist folgendes: Sterben bedeutet keine plötzliche und furchterregende Vernichtung, sondern ist ein langsamer Vorgang, in dem unser Geist immer feiner und feiner wird. Wenn wir das Höchste Tantra ausüben oder uns auch nur auf das vorbereiten wollen, was uns mit Sicherheit erwartet, sollten wir uns jetzt so weit wie möglich mit diesem langsamen Prozeß vertraut machen. Wenn wir damit warten, bis wir im Sterben liegen, ist es zu spät.

TOD, ZWISCHENZUSTAND UND WIEDERGEBURT

Sutra und Tantra bieten in ihren unterschiedlichen Herangehensweisen unterschiedliche Diagnosen für die Schwierigkeiten des gewöhnlichen Lebens an und ebenso unterschiedliche Lösungen für diese Probleme. Dem Stufenweg des Sutra zufolge ist die Wurzel unserer Schwierigkeiten die Ichsucht: unser instinktiver, fälschlicher Glaube an ein abgetrenntes, aus sich selbst heraus existierendes Wesen der Dinge, insbesondere unserer Ego-Identität. Wir glauben ganz fest, dies oder das zu sein, und erfahren in der Folge die vielen Enttäuschungen, die sich aus einer solch begrenzten und konkreten Sicht dessen, was wir sind, ergeben. Das Gegenmittel oder Heilmittel für diese falsche Vorstellung besteht darin, die genau gegenteilige Sichtweise zu erzeugen. Statt voller Unwissenheit unseren instinktiven Glaubenssätzen und Vorstellungen zuzustimmen, lernen wir, Einsicht in Leerheit zu entwickeln: eine völlige Negierung aller falschen Vorstellungen von unabhängiger Selbstexistenz. Im Ansatz des Sutra wird von daher großes Gewicht auf das Beseitigen falscher Ansichten und den Ersatz durch ihnen entgegengesetzte korrekte Sichtweisen gelegt.

Zwar steht das blitzschnelle Fahrzeug des Tantra nicht im Widerspruch zu den Aussagen der Sutras, es zeigt uns jedoch ein anderes, radikaleres Herangehen an unsere Lebensprobleme. Diesen fortgeschritteneren Lehren zufolge entspringen alle Schwierigkeiten der unbewußten Erfahrung von Tod und Nachtod, die sich völlig unserem Einfluß entzieht. Wenn wir ohne umfassenden Einfluß auf diese Vorgänge sterben, sind wir gezwungen, in einen unfreien, unkontrollierten Zwischenzustand *(bardo)* einzutreten, und das führt uns in die Erfahrung einer unkontrollierten Wiedergeburt. So dreht sich das Rad immer weiter und führt uns von einem unbefriedigenden Zustand in den nächsten.

Es soll noch einmal betont werden, daß der Tod alles andere ist als ein Problem; er stellt eine kostbare Gelegenheit dar. Für eine wohlvorbereitete Person bietet der Todesprozeß die einmalige Gelegenheit einer Erfahrung, die sie stets gesucht hat: des feinen, durchdringenden, überaus freudvollen Geistes des Klaren Lichtes. Obgleich dieser freudvolle Geist von ganz alleine im Todesvorgang entsteht, sind die meisten von uns nicht in der Lage, daraus irgendeinen Nutzen zu ziehen. Unser Tod geht vorüber wie schon unser ganzes Leben, ohne daß wir uns dessen mit einem klaren Geist bewußt sind und ohne Kontrolle über diesen Vorgang. Was das Tor zur Befreiung sein könnte, wird zu einem Übergang ins nächste verwirrte Leben.

Das Heilmittel, das uns von dieser sich ständig wiederholenden Verwirrung erlösen kann, ist eine bestimmte Art von Meditation, in der wir unsere gewöhnlichen Erfahrungen von Tod, Bardo und Wiedergeburt in die erleuchtete Erfahrung eines Buddha verwandeln. Das tantrische Gegenmittel ist somit nicht das Gegenteil des Problems – so wie die Weisheit, die Leerheit versteht, das Gegenteil der ichsüchtigen Unwissenheit darstellt –, sondern weist eher Ähnlichkeit mit ihm auf. Weil die Kur der Krankheit ähnelt, können Kräfte, die für gewöhnlich zu Verwirrung und Leiden führen, genutzt werden für das Erlangen von Klarheit und Selbstverwirklichung. Darin liegt einer der Gründe, warum Tantra ein so schneller und, wenn falsch angewendet, so gefährlicher Weg ist.

DIE DREI ASPEKTE DER BUDDHASCHAFT

Wenn wir begreifen wollen, wie Tantra mit den Problemen von Tod, Bardo und Wiedergeburt umgeht, dann müssen wir etwas über die drei Körper *(kaya)* eines Buddha wissen. Wenn alle Schleier, die derzeit unseren Geist verhüllen, beseitigt und alles positive Potential entwickelt worden sind, dann erlangen wir gleichzeitig den Wahrheitskörper *(dharmakaya)*, den Körper der Freude (*sambhogakaya*) und den Erscheinungskörper *(nirmanakaya)* eines Buddha. Der Dharmakaya ist der unbegrenzte und unbehinderte Geist eines erleuchteten Wesens, die beiden weiteren Körper sind zwei Ebenen seiner Verkörperung zum Wohle von anderen. Es heißt, der Dharmakaya stelle das Erreichen der eigenen Ziele, die unübertroffenen Eigenschaften des Geistes, dar, während der Sambhogakaya und der Nirmanakaya die Erfüllung der Ziele von anderen bedeuteten, weil sich ein Buddha mit ihnen spontan in einer Form manifestieren kann, auf die sich unerleuchtete Wesen beziehen können.

Die Erfahrung dieser drei Körper ist die Erfahrung völliger Erleuchtung. Als unerleuchtete Wesen kennen wir diese Erfahrung nocht nicht, allerdings können wir ihr nahe kommen. Wir können diese Erfahrung nicht nur machen, wir sollten sie, dem Ergebnisfahrzeug des Tantra zufolge, auch machen! Diese kühne Haltung paßt sehr wohl zu der im Westen verbreiteten Einstellung: „Ich will das allerbeste, und zwar sofort!“ Der Unterschied besteht darin, daß wir für gewöhnlich materiellen Dingen hinterherjagen, bei der Praxis von Tantra versuchen wir jedoch, die glückselige Erfahrung, durch die vollständige, bewußte Herrschaft über alle Seiten unseres Lebens entsteht, jetzt Wirklichkeit werden zu lassen.

DAS MENSCHLICHE LEBEN NUTZEN

Die Erfahrung von Tod, Bardo und Wiedergeburt in den Weg zur Erleuchtung umzuwandeln ist kein Hirngespinst. Gerade weil wir diesen Körper besitzen, können wir dieses hohe Ziel erlangen. In den Lehren des Sutra wird unser gegenwärtiger Körper überwiegend als Hindernis betrachtet. Er verfällt von Augenblick zu Augenblick, ist anfällig für Krankheiten und zieht Unglück an wie ein Magnet. Wenn man die Erste Edle Wahrheit kurz und bündig formulieren möchte, dann kann man sagen, der Körper ist Leiden. Die tantrischen Lehren nehmen einen entgegengesetzten Standpunkt ein. Weit davon entfernt ein Hindernis zu sein, wird der menschliche Körper als etwas höchst Kostbares betrachtet, weil er alle nötigen Bedingungen enthält, die man braucht, um in einem Leben Erleuchtung zu erlangen. Er besteht aus den vier Elementen – Erde, Wasser, Feuer und Luft – und den mit ihnen verbundenen Energien (*prana*). Weil er einem Schoß entstammt, enthält er die roten und weißen Tropfen – von Mutter bzw. Vater –, die für das Erzeugen der glückseligen Energie der Kundalini-Erfahrung notwendig sind.

Wir sind in der glücklichen Lage, einen solchen Körper zu besitzen und sollten uns die kostbare Gelegenheit, die er uns für die Entfaltung unserer Fähigkeiten bietet, nicht entgehen lassen. Wir sollten nicht den Menschen nacheifern, die ihre Schätze nicht recht zu gebrauchen wissen. Ich kenne Nepalesen, die Mangobäume als Brennholz verwenden. Ein Mangobaum braucht so lange bis er Frucht trägt, und seine Früchte sind sehr kostbar, diese Menschen scheinen deren Wert allerdings nicht zu kennen. Statt guten Gebrauch von ihrem Besitz zu machen, zerstören sie diese kostbaren Bäume, verlieren ihr Land durch Bodenerosion und stehen zuletzt mit leeren Händen da. Wenn wir die kostbaren Energien unseres Körpers nicht für das Erlangen der Erleuchtung nutzen, sondern sie stattdessen für sinnlose Aktivitäten dieses Lebens verschwenden, dann legen wir noch mehr Ignoranz an den Tag als diese nepalesischen Bauern. Wir sollten eher den erfinderischen Wissenschaftlern nacheifern, die aus allem Energie gewinnen können – aus dem Sonnenlicht, den Gezeiten, dem Wind und dergleichen mehr – und die auch wissen, wie sie diese Energie sinnvoll nutzen können. Anders ausgedrückt sollten wir Geschick entwickeln, und das größte Geschick besteht darin, unseren gegenwärtigen Körper von einer Quelle des Schmerzes und der Unzufriedenheit in den glückseligen Weg zum unübertrefflichen Glück für uns selbst und für andere zu verwandeln. Das ist das letztendliche Ziel aller tantrischen Praxis.

DER VORGANG DES STERBENS

Wenn man sein eigenes erleuchtetes Wesen erkennt, dann erlangt man gleichzeitig den Dharmakaya, den Sambhogakaya und den Nirmanakaya. In Begriffen tantrischer Praxis beschrieben, entfalten sich diese drei Kayas oder Körper langsam in einer Stufenfolge, die den natürlichen Vorgang von Tod, Zwischenzustand und Wiedergeburt spiegelt. Wie schon früher erwähnt, sollten wir als erstes verstehen, wie sich der Vorgang des Todes und der folgenden Zustände für gewöhnlich abspielt; dann verstehen wir auch, wie diese drei Zustände in die drei Erleuchtungskörper umgewandelt werden.

Tod bedeutet die Trennung des Geistes vom Körper. Diese Trennung mag manchmal mehrere Stunden oder Tage dauern, wie das für gewöhnlich bei einem natürlichen Tod geschieht, oder aber sehr schnell vonstatten gehen, wie zum Beispiel bei einem Unfall. In beiden Fällen kann man jedoch mehrere Stadien des Todesprozesses unterscheiden. Der Körper verliert seine Fähigkeit, bewußt zu sein, nicht auf einmal; dieser Vorgang geht langsam vor sich, parallel zu dem Prozeß, in dem die körperlichen Elemente – Erde, Wasser, Feuer, Luft – ihre

Fähigkeit verlieren, das Bewußtsein zu unterstützen.

Die tantrischen Schriften, die sich mit dem Vorgang des Sterbens befassen, beschreiben die ersten vier Stadien in sehr lebendigen Begriffen. Sie sprechen davon, daß zuerst das Erdelement ins Wasser sinkt bzw. sich darin auflöst. Dann sinkt das Wasserelement ins Feuer, das Feuerelement in die Luft, und schließlich löst sich das Luftelement in das Bewußtsein selbst auf. Eine solche Beschreibung ist sehr hilfreich für die Meditation, wir sollten sie allerdings nicht wörtlich nehmen. Wenn es heißt, daß das Erdelement ins Wasserelement „sinkt", dann bedeutet das, daß die festen Teile des Körpers langsam ihre Funktion verlieren und weniger eng mit dem Geist des Sterbenden verbunden sind, und die flüssigen Elemente stärker und offensichtlicher wirken.

Wenn die verschiedenen körperlichen Elemente nacheinander stärker bzw. schwächer wirken, erfährt die sterbende Person gewisse äußere und innere Zeichen, die mit den verschiedenen Stadien des Auflösungsprozesses in Verbindung stehen. Da diese Zeichen an anderer Stelle in großer Ausführlichkeit beschrieben werden, ist es nicht nötig, sie hier alle zu erwähnen. Es mag allerdings hilfreich sein, auf einige der gewöhnlich auftretenden Visionen hinzuweisen.

Wenn gewöhnliche Menschen sterben, sterben sie ohne Kontrolle über diesen Vorgang. Weil sie sich während ihres Lebens nicht geschult haben, werden sie von den Erfahrungen des Todes – wenn die körperlichen Elemente aus dem Gleichgewicht geraten und nicht mehr harmonisch miteinander wirken – überwältigt und verwirrt. Sie glauben sich mitten in einem gewaltigen Erdbeben zu befinden, und es ist für sie daher recht schwierig, wenn nicht gar unmöglich, sich in Ruhe dessen gewahr zu sein, was vorgeht. Der Tod wird so als eine Reihe von schreckerregenden Halluzinationen erfahren, als katastrophaler Alptraum. Einer wohlvorbereiteten Person können diese Visionen, die anderen Angst und Schrecken einjagen, außergewöhnlichen Frieden schenken Und denjenigen fortgeschrittenen Meditierenden, die ihren Geist gut geschult haben, bringt jede Stufe des Auflösungsprozesses eine immer größer werdende Klarheit und Einsicht.

Der buddhistischen Psychologie zufolge hängt die Tatsache, ob uns ein Objekt zufriedenstellt oder nicht, von einer zuvor von unserem Bewußtsein getroffenen Entscheidung ab. Schon bevor wir ein Ding auch nur sehen, hat unser Geist schon entschieden: „Das macht mich glücklich." Wenn ihr das Ding dann mit eurem Auge erblickt, dann denkt ihr: „Oh, das ist aber schön." Das gleiche gilt für negative Reaktionen. Wenn euer Bewußtsein schon beschlossen hat, daß ihr eine bestimmte Person nicht mögt, dann werdet ihr, wenn ihr dieser Person dann tatsächlich begegnet, auch nur eine unangenehme Person sehen. Anders ausgedrückt sind all die scheinbar wirklich *guten* Dinge, die wir mögen, und die *schlechten* Dinge, die wir nicht mögen, in der Tat Schöpfungen unseres eigenen Geistes.

Was hat all das mit unserer Todeserfahrung zu tun? Der Buddhismus lehrt, daß der Weg zu einem glücklichen Leben und einem glücklichen Tod in der genauen Wahrnehmung dessen liegt, was tatsächlich geschieht, ohne daß wir uns von Erscheinungen in die Irre leiten lassen. In unserem Leben erfahren wir eine Enttäuschung nach der anderen, weil wir fälschlicherweise glauben, daß das, was uns als gut erscheint, auch *wirklich* und wahrhaftig gut ist. Wir verschwenden in der Folge all unsere Zeit und Kraft damit, hinter diesem her- und von jenem wegzulaufen. Während unseres Lebens bauen wir die ungemein starre Gewohnheit auf, auf Dinge entweder mit Gier oder Angst zu reagieren. Was können wir anderes erwarten, als daß uns im Sterben, wenn alles zusammenzubrechen scheint, die große Verwirrung überwältigt. Die Lösung besteht darin, alle Dinge als bloße Erscheinungen des Geistes zu betrachten, ohne das kleinste Atom von Selbstexistenz. Wir müssen begreifen, daß in dieser Hinsicht alle Dinge Trugbildern gleichen. Mit diesem Verständnis sollten wir alle Visionen betrachten, die uns nacheinander im Todesprozeß erscheinen. Wir sollten uns mit dem vertraut machen, was uns im Sterben bevorsteht, damit wir in der Lage sind, damit umzugehen, und uns nicht von diesen Trugbildern überwältigen lassen. Der Schlüssel zu beidem, zu Tod und Leben, besteht darin, Trugbilder als Trugbilder, Projektionen als Projektionen und Fantasien als Fantasien zu erkennen. So können wir Befreiung erlangen.

TOD UND DHARMAKAYA

Zuerst sollten wir uns vorstellen, was wohl mit uns geschieht, wenn wir völlig ungeübt und unvorbereitet in einem Zustand von Sorge und Verwirrung sterben. Da wir uns verzweifelt an dem scheinbar soliden Ichgefühl als unserer Sicherheit festhalten, geraten wir in Panik, wenn sich die Grundlage dieser Ego-Identität, unser Körper, aufzulösen beginnt. Wenn das Erdelement unseres Körpers seine Funktion verliert und das Wasserelement scheinbar stärker wird, ist unser Geist von der Vision einer silbrig-blauen, schimmernden Luftspiegelung erfüllt. Wir fühlen uns gefangen, nahe dem Ersticken, als ob unser Körper unter Erdmassen begraben oder unter eine Lawine geraten sei. Dann sinkt das Wasserelement in das Feuerelement, und es entsteht die Vision von Rauchwolken. Wir fühlen uns vielleicht wie ein Ertrinkender, fortgerissen von einer starken Strömung. Als nächstes löst sich das Feuerelement auf, und unser Körper wird immer kälter; wir erfahren die Vision von tanzenden Funken über einem offenen Feuer in der Nacht. Manche Menschen fangen an diesem Punkt an zu schreien, da sie glauben, ihr Körper stehe in Flammen. Zuletzt löst sich das Wind- oder Luftelement auf, und unser Atem wird flacher, wir fühlen uns vielleicht wie ein Blatt im Wind. Mit dieser Erfahrung entsteht die Vision einer sterbenden Flamme in einem abgedunkelten Raum. Wenn eine Flamme kurz vor dem Verlöschen ist, lodert sie noch einmal hell auf, ein letztes Aufbäumen ihrer Energie. Das Atmen fällt uns immer schwerer, und schließlich hört der Atem ganz auf. Für die Außenwelt scheinen wir jetzt tot. Dies ist oft das Zeichen für die versammelten Angehörigen, auf das hin sie in Tränen ausbrechen.

Wir sind jedoch noch nicht tot. Die vier groben Elemente und das mit ihnen verbundene begriffliche Denken haben ihre Funktion eingestellt, doch gibt es noch feine Ebenen des Geistes, die sich ebenfalls noch auflösen werden. Das geschieht, wenn sich der feine weiße Tropfen, den wir bei der Empfängnis von unserem Vater erhalten haben und der sich während unseres Lebens im Scheitel befunden hat, und der rote Tropfen, den wir von unserer Mutter erhalten haben und der sich am Nabel befunden hat, aufeinander zu bewegen und sich schließlich auf der Höhe unseres Herzens begegnen. Wenn der weiße Tropfen nach unten wandert, erfahren wir die Vision eines leeren, weißen Raumes, wenn der rote Tropfen nach oben wandert, erfahren wir die Vision eines leeren, von Röte erfüllten Raumes. Schließlich begegnen sich die beiden Tropfen und bilden eine Kugel, in die unser äußerst feines, grundlegendes Bewußtsein und der damit verbundene Wind am Herzen eingeschlossen sind, und wir erfahren eine Vision von Schwärze, wie in einem völlig abgedunkelten Raum. Diese Dunkelheit wird immer tiefer, bis wir in völlige Bewußtlosigkeit verfallen.

Wir sind jedoch immer noch nicht tot. In dieser Kugel im Herzen ruht unser äußerst feines Bewußtsein und die damit verbundene feine Windenergie. Nach einer Weile – selbst für eine ungeübte Person kann sich das über drei Tage hinziehen – öffnet sich diese Kugel, und unser Geist macht eine Lichterfahrung. Der äußerst feine Geist erwacht und erfährt die Vision eines leeren Raumes, ganz durchdrungen von Klarheit und Licht. Dieses klare Bewußtsein ist der letzte und feinste Geisteszustand, den wir in diesem Leben erfahren werden.

Für eine gewöhnliche Person geschehen alle diese Auflösungen – von der Vision der Luftspiegelung bis zum Dämmern des Klaren Lichtes – völlig unkontrolliert. Sie folgen aufeinander, wir sind uns ihrer jedoch kaum bewußt; unser Geist ist zu verwirrt und zerstreut. Diejenigen, die sich zuvor einer gründlichen Schulung unterzogen haben, halten ein klares Gewahrsein aufrecht für alles, was im Verlauf dieses Prozesses geschieht. Sie wissen welche Vision als nächste kommen wird, und sie begreifen auch, daß alles, was sie wahrnehmen, lediglich eine Erscheinung ihres sterbenden Geistes ist, ohne zu glauben, daß irgendetwas da draußen aus sich selbst heraus und unabhängig existiert. Weil sie das verstehen, werden sie von diesen Visionen nicht in Angst und Schrecken versetzt. Statt dessen wird ihr Verständnis von der Leerheit von Selbstexistenz mit der zunehmenden Verfeinerung ihres Geistes immer tiefer. Wenn dann das Klare Licht erscheint, wird dieser äußerst feine Geist untrennbar eins mit Leerheit, in einer Erfahrung unausprechlichen Glücks. Für eine solche Person ist der Tod zu einer kostbaren Gelegenheit geworden, ihre Weisheit der Nichtdualität zur Vollendung zu bringen. Durch diese klare und unbehinderte Weisheit hat der geübte Praktizierende den gewöhnlichen Tod in die erleuchtete Erfahrung des Dharmakaya verwandelt.

Die nichtdualistische Dharmakaya-Erfahrung kann nicht mit Worten ausgedrückt werden, sie übersteigt alle Vorstellungen. Wenn jemand über seine Erfahrungen spricht, kann er immer mißverstanden werden. Ihr solltet daher nicht auf meine Worte vertrauen; das sind lediglich falsche Worte, die meinem begrifflichen Denken entspringen. Gleichgültig wie geschickt ich sie gebrauche, Worte entspringen stets dem begrenzten, begrifflichen Geist und werden auch von einem gleichermaßen begrenzten, begrifflichen Geist verstanden. Wir müssen mit der Erfahrung selbst in Berührung kommen und damit den Bereich der Worte überschreiten, mit denen man sie beschreiben kann. Aus diesem Grunde legt Tantra so großes Gewicht auf das Handeln und nicht so sehr auf die Theorie.

Es ist zwar hilfreich, die verschiedenen buddhistischen Schriften und Kommentare zu studieren und sie mit scharfer und kritischer Intelligenz zu analysieren, wir sollten uns jedoch darüber im Klaren sein, wann dieser analytische Ansatz geradezu schädlich ist. Einer meiner Meditationsmeister gab mir einmal folgenden Rat: „Es gibt gewisse Punkte in der Entwicklung, wo du den philosophischen Ansatz beim Verstehen aufgeben mußt. Dann mußt du jenseits von Debattten und Begründungen gelangen." Das hat mir einen Schock versetzt! Ich war zu der Zeit ein junger, begeisterter Student und wollte alles, was ich hörte, analysieren und kritisieren. Schließlich begriff ich jedoch, worauf er hinweisen wollte: Wenn wir in intellektuellen Vorurteilen befangen bleiben, kann uns das daran hindern, tiefe Erfahrungen in der Meditation zu machen. Wir müssen wissen, wann es gilt zu entspannen, loszulassen und dem Geist zu gestatten, in seinem natürlichen klaren Zustand zu ruhen.

Wahrhaft befähigte Meister aller Traditionen haben stets betont, daß es Zeiten gibt, in denen wir uns nicht mit analytischen oder intellektuellen Aktivitäten befassen sollten. Es wäre z.B. ein großer Fehler in fortgeschrittenen Übungen der Vollendungsstufe des Höchsten Tantra, worüber wir später sprechen werden, analytische Überlegungen anzustellen. Warum das? Wenn wir unseren Intellekt gebrauchen, dann entstehen allerlei begriffliche Vorstellungen. Euer Geist wird dann ganz geschäftig und gerät durch die aufgesplitterte Energie dieser Vorstellung in starke Schwingungen. Da jeder geistige Zustand mit der ihm zugehörigen Wind- oder Luftenergie verbunden ist, fängt auch euer feines Nervensystem, durch die verschiedenen miteinander im Widerstreit liegenden Windenergien angeregt, zu schwingen an. Das behindert nicht nur eure Fähigkeit, Kontrolle über diese Vorgänge in eurem Nervensystem zu gewinnen, sondern führt auch leicht zu besonderen Schmerzen, von den Tibetern *lhung,* wörtlich Wind, genannt, ein Ausdruck, der sich auf Verspannungen im Herzen bezieht. Wie bei allem, was auf dem geistigen Weg geschieht, gibt es eine bestimmte Zeit, in der wir Gebrauch von unserem Intellekt machen, und eine Zeit, in der wir ihn beiseite lassen sollten.

BARDO UND SAMBHOGAKAYA

Gewöhnliche Menschen erfahren im Anschluß an die Vision des Klaren Lichtes die oben beschriebenen Visionen des

Dharmakaya, allerdings jetzt in der umgekehrten Reihenfolge, angefangen bei der Dunkelheit bis hin zur Erscheinung der Luftspiegelung. Wenn dieser umgekehrte Vorgang beginnt, verläßt unser Geist den Körper, und es findet der eigentliche Tod statt. Unmittelbar darauf treten wir in den Zwischenzustand ein, den Bardo, und auch hier gerät unser Geist wieder völlig außer Kontrolle. In Gedankenschnelle werden wir, wie in einem Traum, von einer Situation in die nächste geschleudert. Häufig ist dieser Traum jedoch ein Alptraum. Manchmal lassen Eindrücke, die frühere Verblendungen und negative Handlungen hinterlassen haben, furchterregende Visionen entstehen, und voller Angst und Schrecken jagen wir davon. Zu anderen Zeiten entstehen zauberhafte Traumbilder, und wir jagen ihnen voller Verlangen hinterher und erfahren eine Enttäuschung. Das geschah ja auch während unseres Lebens, als wir noch einen gewöhnlichen, physischen Körper besaßen; wir haben unser Leben in der ständigen Suche nach Sicherheit verbracht, immer auf der Jagd nach diesem und der Flucht vor jenem. Jetzt befinden wir uns in einer noch viel bedenklicheren Lage. Weil unser substanzloser Bardo-Körper lediglich aus feiner Energie besteht, kann er ohne Schwierigkeiten und Hindernisse durch Materie hindurchgelangen, und so geraten wir, ohne daß uns irgendetwas daran hindern würde, in alle nur denkbaren schwierigen Situationen, in die uns unser begehrlicher Geist hineinjagt.

So sieht die gewöhnliche Bardo-Erfahrung aus; geübte Praktizierende können diesen Zustand jedoch in einen Weg zur Erleuchtung verwandeln. Vertraut mit den Übungen des regenbogengleichen Illusionskörpers, nehmen sie nach Abschluß der Vision des Klaren Lichtes einen strahlenden Lichtkörper an, statt eines verblendeten Bardo-Körpers. So verwandeln sie den gewöhnlichen Bardo in die Erfahrung des Sambhogakaya oder des Körpers der Freude.

WIEDERGEBURT UND NIRMANAKAYA

Für gewöhnlich verläuft der Vorgang von Tod und Zwischenzustand ohne Kontrolle, unter dem Zwang unseres verblendeten Greifens. Das gleiche gilt für die gewöhnliche Wiedergeburt. Schließlich treiben uns die Winde unserer verblendeten Handlungen *(karma)* an den Ort, wo sich unsere zukünftigen Eltern geschlechtlich vereinigen. Unser Geist gerät dann in große Verwirrung, er schwankt zwischen sehnsüchtigem Verlangen und Abneigung, wir verlieren das Bewußtsein und werden im Schoß unserer Mutter empfangen. Aus diesem verwirrten Anfang folgt ein Leben voller Verwirrung und Leiden. Unser Körper, der sich aus Spermium und Ei der Eltern entwickelt, unterliegt den Leiden von Geburt, Krankheit, Alter und schließlich Tod. Unser Geist schafft wie ein ständiger Strom aus früheren Leben, unter dem Zwang von Verlangen, das aus Unsicherheit, Abneigung und Unwissen geboren wurde, die Ursachen für Unzufriedenheit und Leiden in der Zukunft.

Die Erfahrung der gewöhnlichen Wiedergeburt kann von einem geschickten Praktizierenden genauso verwandelt werden wie Tod und Zwischenzustand. Statt unter dem Zwang von Unsicherheit und Verlangen vom Zwischenzustand ins nächste Leben weiterzugehen oder aus Verwirrung und Unwissenheit das Bewußtsein zu verlieren, können geschulte Schüler des Tantra ihre Wiedergeburt bei vollem Bewußtsein wählen. Geübt in der Praxis der Überwindung gewöhnlicher Erscheinungen, können sie ihre zukünftigen Eltern und sich selbst als männliche und weibliche Gottheiten sehen. Entsprechend dem Grad ihrer Kontrolle und der Art der Schulung, die sie durchlaufen haben, können sie sogar in einem reinen Land wiedergeboren werden, ein Zustand, in dem alle Umstände dem Erlangen der Erleuchtung förderlich sind. Auch wenn sie auf dieser Erde wiedergeboren werden, können sie Umstände wählen, die der spirituellen Entwicklung föderlich sind und können so ihre Praxis bis zum Erlangen der Erleuchtung fortsetzen. Wenn wir in dieser Weise vollständige Bewußtheit aufrechterhalten und umfassende Kontrolle über die Bedingungen des nächsten Lebens ausüben, können wir die gewöhnliche Wiedergeburt in die erleuchtete Erfahrung des Nirmanakaya oder Erscheinungskörpers verwandeln.

Dies war lediglich ein kurzer Abriß der Methoden, mit denen ein trantrischer Praktizierender den gewöhnlichen Tod, den Zwischenzustand und die Wiedergeburt in die drei Körper eines erleuchteten Wesen verwandeln kann. Er reicht jedoch aus, um uns eine klare Vorstellung dessen zu geben, was den Kern der tantrischen Praxis ausmacht. Bislang lebten wir unter der Herrschaft von Unwissenheit, Karma und vielfältigen Verblendungen und haben infolgedessen immer wieder den Kreislauf von Geburt, Tod und Wiedergeburt erfahren, ohne irgend einen Einfluß auf oder Kontrolle über diese Vorgänge. Wenn es uns nicht gelingt, Weisheit an die Stelle unserer Unwissenheit treten zu lassen und diese drei sich ständig wiederholenden Vorgänge in die erleuchtete Erfahrung eines Buddha zu verwandeln, werden wir uns ohne Unterlaß in diesem tödlichen Kreislauf bewegen, stets auf der Suche nach Glück und mit der ständigen Erfahrung von Unzufriedenheit.

DER WIEDERGEBURT EINHALT GEBIETEN

Es ist leicht zu begreifen, daß der gewöhnliche Verlauf von Tod, Bardo und Wiedergeburt die Quelle aller Schwierigkeiten darstellt. Weil wir mit einem unkontrollierten Geist und Körper leben, sterben und wiedergeboren werden, erfahren wir zwangsläufig die vielen geistigen und körperlichen Leiden unseres gewöhnlichen Lebens. Einfach ausgedrückt: Wären wir nicht geboren worden, könnten diese Probleme gar nicht entstehen! Durch die Praxis des höchsten Tantra können wir eine solche Geburt mit allen daraus entstehenden Schwierigkeiten völlig vermeiden.

Einige Menschen geraten vielleicht in Verwirrung, wenn sie

hören, daß eine angemessene Praxis des Tantra der Wiedergeburt Einhalt gebieten kann. „Was ist der Sinn dessen? Warum sollte ich auf die Möglichkeit verzichten, in diese Welt zurückzukehren? Führt mich dieser Weg in völlige Nicht-Existenz? Wenn ja, habe ich kein Interesse daran!"

Um dieser Verwirrung zu entgehen, sollten wir begreifen, daß dem Begriff „der Wiedergeburt Einhalt gebieten" eine ganz besondere Bedeutung zukommt: nämlich Freiheit von der wiederholten Erfahrung einer *unkontrollierten* Wiedergeburt zu erlangen. Wir können mit Erfolg Tantra praktizieren und dennoch in diese Welt zurückkehren. Unsere von Mitgefühl bestimmte Bodhicitta-Motivation läßt es undenkbar werden, daß wir die anderen Wesen aufgeben. Sie verpflichtet uns dazu, um ihretwillen zurückzukehren. Shakyamuni Buddha hat so gehandelt, und seine Geburt war – weit davon entfernt ein Problem darzustellen – eine Quelle grenzenlosen Nutzens. Im Augenblick findet unsere Wiedergeburt ohne Kontrolle statt und setzt den anfangslosen Kreislauf des Elends nur fort. Dem gilt es Einhalt zu gebieten. Das gleiche trifft für den Tod und den Zwischenzustand zu; es gilt die *unkontrollierte* Erfahrung dieser Vorgänge zu vermeiden bzw. umzuwandeln.

Unser unkontrolliertes Leben, in dem die drei Gifte von Anhaften, Ärger und Unwissenheit eine solch große Rolle spielen, führt unausweichlich zu einem unkontrollierten Tod, im Verlauf dessen eben diese Verblendungen zu noch größerer Verwirrung führen. Unser Geist wird von den Halluzinationen, die mit der Auflösung der verschiedenen körperlichen Elemente einhergehen, überwältigt, und so treten wir, getrieben von ungeheurer Furcht und Sehnsucht, in den Zwischenzustand ein. Da wir dann einen Bewußtseinskörper ohne grobe körperliche Form besitzen, wirken sich all unsere Verblendungen noch stärker auf uns aus. Jede Verblendung, die in unserem Geist auftritt, wirft uns unmittelbar in die ihr entsprechenden verblendeten Umstände. Dieser Zustand löst äußerst viele Ängste aus, und schließlich, wenn wir die Vision unserer zukünftigen Eltern erblicken, treibt uns unser Verlangen nach Sicherheit in eine Wiedergeburt – und der ganze Kreislauf fängt wieder von vorne an. Nirgendwo gibt es Ruhe oder Frieden, da das Glück und die Sicherheit, auf die wir aus sind, uns ständig entwischen. All das sind Symptome eines gewöhnlichen samsarischen Daseins.

Das Ziel tantrischer Praxis besteht darin, von diesen ständig sich wiederholenden Schwierigkeiten frei zu werden, indem wir den tödlichen Kreislauf unterbrechen. Wenn wir unseren Geist darin schulen, die Tyrannei der gewöhnlichen verblendeten Erscheinungen zu überwinden, und wenn wir uns im voraus auf das vorbereiten, was wir schließlich erfahren werden, wenn sich unser Leben dem Ende zuneigt, dann entwickeln wir die Fähigkeit, die mit Tod, Bardo und Wiedergeburt für gewöhnlich einhergehende Verwirrung durch die erleuchtete Erfahrung der drei Körper eines Buddha zu ersetzen.

Heruka

11 *Als Gottheit erstehen*

VOM SELBSTMITLEID ZUR VERKÖRPERUNG ALS GOTTHEIT

Das wichtigste Element der tantrischen Praxis besteht darin, einen Vorgeschmack auf etwas zu erlangen, eine wirkliche Erfahrung von etwas zu machen, was Bedeutung für euer Leben besitzt. Es ist nicht von Wichtigkeit, wie groß das Stück Schokolade ist, das ihr erhaltet; ihr kostet und seid zufrieden. Das ist alles. Die Menschen die das, was sie mit ihrem Geist ganz klar verstehen, unmittelbar mit dem Herzen aufnehmen, sind die echten Praktizierenden. Sie erhalten die Schokolade.

Unser gewöhnlicher dualistischer Geist – der sogenannte realistische Geist – ist immer der Meinung, daß mit uns und unserer Umgebung etwas nicht stimmt, daß irgend etwas nicht richtig in Ordnung ist. Ständig übt er Kritik. Das ist ein Symptom des dualistischen Geistes: für ihn läuft ständig etwas schief. Unser dualistischer Geist schreibt entweder dem, was es gibt, zusätzliche Eigenschaften zu oder untertreibt die vorhandenen. Wenn ein Geist so aufgeregt und unzufrieden ist, kann er niemals den Mittelweg finden. Bewußt oder unbewußt hat er das Gefühl: „Mein Wesen ist unrein. Unrein wurde ich geboren, ich bin unrein und werde unrein sterben und in der Hölle landen!" Wir mögen uns religiös oder unreligiös nennen, für Philosophen oder Atheisten halten – solange wir nicht in Kontakt sind mit unserer grundlegenden Wirklichkeit, stehen wir unter dem Einfluß von solch verblendeten und uns niederdrückenden Vorstellungen. Wenn wir von allen Krankheiten des Körpers und Geistes frei werden wollen, ist es ungemein wichtig, uns von derartig falschen und von Selbstmitleid durchdrungenen Vorstellungen zu befreien.

Worin besteht nun unser Problem? In dem Gefühl: „Ich bin ein schlechter Mensch; der schlimmste von allen: unrein, voller Haß, unwissend und voller Begehren. Ich bin so schlecht!“ Diese Art von Denken – eine so niedrige Meinung von uns selbst, ob wir dies in Worte kleiden oder nicht – ist sehr schädlich, sehr negativ. Davon müssen wir uns reinigen.

Im Tantra heißt es, alle Menschen besitzen in der Tat göttliche Eigenschaften. Der Kern jedes Menschen, das grundlegende Wesen jeder Person ist göttlich, ist rein. Um das zu begreifen, um diese Verwirklichung zu einem integralen Bestandteil unseres Lebens und nicht nur zu einer intellektuellen Einsicht werden zu lassen, müssen wir uns, wie schon oben erwähnt, mit allen Kräften als Gottheit manifestieren.

Sich selbst als Gottheit verkörpern hat nichts mit einer bestimmten Kultur oder bestimmten Glaubenssätzen zu tun. Auch jetzt manifestiert ihr euch auf die eine oder andere Weise. Wenn ihr euch mit einem mitleidvollen Selbstbild manifestiert, dann hat das eurer Meinung nach auch nichts mit einer bestimmten Kultur zu tun. Ihr tut es einfach. Hört auf, diesen dummen Gewohnheiten zu folgen; entwickelt statt dessen nach besten Kräften göttlichen Stolz und manifestiert euch als Gottheit. Fangt an, euer unglaubliches Potential zu leben.

Die beste und genaueste Art und Weise, uns in der Selbstverkörperung als Gottheit zu schulen, bietet die Übung der Drei-Kaya-Meditation. Die großen tantrischen Meister der Vergangenheit, wie z.B. Lama Tsongkhapa, haben alle betont, daß keiner anderen Praxis mehr Bedeutung zukommt als dieser.

AUFLÖSUNG

Der Sadhana der Gottheit, die wir praktizieren, enthält vielleicht eine sehr ausführliche Beschreibung der Praxis der Drei-Kayas; es genügt jedoch, sie auf eine abgekürzte Art und Weise wie folgt durchzuführen. Wir beginnen damit, daß wir uns an die Zufluchtnahme zu den Drei Juwelen erinnern und entwickeln von Herzen die Motivation des Bodhicitta, den Wunsch Erleuchtung zum Wohle aller Wesen zu erlangen. Dann üben wir uns im Guru-Yoga, dem Herzstück des tantrischen Weges. Wir visualisieren unseren tantrischen Meister vor uns im Raum und sehen ihn als die Verkörperung aller erleuchteten Eigenschaften, die wir in uns selbst verwirklichen möchten. Wir stellen uns vor, wie unser Guru zu unserem Scheitel kommt, sich in Licht auflöst und in unser Herz sinkt. Wenn der Guru in dieser Weise in unser Herz sinkt, visualisieren wir die verschiedenen Todesvisionen bis hin zur Vision des äußerst feinen Bewußtseins des Klaren Lichtes. Auf diese Weise meditieren wir über die Vereinigung der glückseligen Weisheit unseres Guru mit unserem eigenen Geist. Wir rufen uns dabei die Erinnerung an unsere Einweihung und die Begegnung mit der Klarheit und dem Mitgefühl des Guru ins Gedächtnis; dabei sollten wir uns diese Vereinigung so beseligend wie nur möglich vorstellen. Je mehr Seligkeit wir erfahren, desto mehr fördert dieser Vorgang unsere Umwandlung.

Diese feine, glückselige Einheitserfahrung geht über alle gewöhnlichen, dualistischen Vorstellungen hinaus. Wenn sich gewöhnliche Erscheinungen im leeren Raum ungeschiedener, nichtdualistischer Weisheit und gleichzeitig geborener großer Seligkeit auflösen, dann richten wir unsere Aufmerksamkeit mit größtmöglicher Einsgerichtetheit auf diese Auflösung. Wir sollten dabei folgenden Gedanken entwickeln: „Das ist der erleuchtete Wahrheitskörper *(dharmakaya),* das ist mein wahres Ich.“ Wenn wir uns so vollständig wie möglich mit dem Dharmakaya identifizieren, verwandeln wir die Erfahrung des gewöhnlichen Todes in den Pfad zur Erleuchtung.

Wenn wir auf diese Art und Weise über den Dharmakaya meditieren, dann wird das Selbstbild, an dem wir bislang festgehalten haben, etwas erschüttert; das genügt als Leerheitserfahrung. Laßt euch nicht von dem Gedanken entmutigen: „Ich habe keine Leerheitserfahrungen. Ich verstehe den

Begriff Leerheit nicht einmal und weiß auch nicht, wie ich praktizieren soll!" Denkt nicht so; das behindert euch nur. Schließlich kennen wir alle in gewisser Weise die Erfahrung des Klaren Lichtes. Wir sind in der Vergangenheit viele Tode gestorben, und das Tantra geht davon aus, daß wir im Todesprozeß von ganz alleine das Klare Licht und das ungeschiedene Wesen der Ganzheit, der Totalität erfahren. Nicht nur im Tod, auch im Schlaf und im Orgasmus erleben wir einen Vorgeschmack auf diese Ganzheit, die Totalität des Klaren Lichtes. In gewissem Maße zerbrechen diese Erfahrungen die konkreten Vorstellungen des von Selbstmitleid erfüllten Geistes und weichen sie auf. Macht euch also keine Sorgen um die Tiefe eures Leerheitsverständnisses; für den Augenblick reicht es aus, daß ihr euch nicht mehr länger mit den konkreten Vorstellungen über dies und das befaßt. Laßt los, und gestattet eurem Verlangen, sich im klaren Raum aufzulösen.

Bleibt wach und spürt, daß dieses wache Bewußtsein die Weisheit ist, die den glasklaren und offenen, universellen Raum umfaßt. In diesem Raum gibt es kein von Selbstmitleid erfülltes Ich, das über dies und das jammert; es existiert einfach nicht, es ist nirgendwo zu finden. Erlaubt eurem Geist in diesem Raum zu verweilen, frei von allen relativen Verwirrungen und verkehrten Abläufen, und erkennt dies als die tatsächliche Erfahrung des Dharmakaya an. Dieser Zustand ist glasklar und etwas ganz Natürliches, es gibt darin nicht den kleinsten Funken sinnlosen Denkens, er ist leer von allen komplizierten Ego-Konflikten. Das ist die Wirklichkeit. Und ihr gestattet eurem Geist lediglich, in Wachheit darin zu verweilen.

Vielleicht fühlt ihr euch unwohl mit dieser Erklärung des Klaren Lichtes. Euer Intellekt bringt vielleicht folgendes Argument vor: „Immer schön langsam, Thubten Yeshe! Wenn du behauptest, Leerheit sei nichts als leerer Raum, dann irrst du dich. Du hast ein sehr vielschichtiges Thema etwas zu einfach dargestellt. Das ist nicht die Sichtweise von Nagarjuna; das ist keine Madhyamika-Philosophie. Echte Leerheit ist nicht das gleiche, wie vorgeben, sich im Raum aufzulösen.“

So könnt ihr argumentieren. Ihr könnt alle subtilen philosophischen Punkte in die Debatte einbringen und den Beweis liefern, das das Sichauflösen im Raum *nicht* das ist, was mit Leerheit gemeint ist. Und doch sind solche Argumente unsinnig. Warum? Ein derartig intellektuelles Herangehen an Leerheit wird oft zu einem Hindernis für die Entdeckung der eigentlichen Leerheitserfahrung. Ihr könnt ein ganzes Buch darüber schreiben und mit großem Scharfsinn und äußerst schlüssig die Aussage von Leerheit als Raum widerlegen. Ihr könnt ein ganzes Leben lang darüber streiten und diskutieren – doch das ist alles bloße Zeitverschwendung.

Es trifft zu, daß wir uns in unseren philosophischen Studien um eine möglichst korrekte Sicht der Leere bemühen, damit wir sie genauso verstehen wie Nagarjuna und all die anderen großen Gelehrten und Meditierer. *Jetzt* aber, in der Meditation geht es nicht um Studium und Analyse; es geht um das *Tun.* Und im Zusammenhang mit der Dharmakaya-Erfahrung des Klaren Lichtes waren alle indischen und tibetischen Gurus der einhelligen Auffassung, daß das erste und beste Beispiel, mit Hilfe dessen wir ein Verständnis von Nicht-Dualität oder Leerheit erlangen können, der Raum ist.

Wenn ihr eine echte Leerheitserfahrung machen wollt, dann müßt ihr irgendwo anfangen. Ihr müßt eine gewisse Erfahrung machen, einen Vorgeschmack von einem Zustand erlangen, der über alle weltlichen, vom Ego geschaffenen Rätsel und Fragen über dies und das hinausgeht. Das ist der wichtigste Punkt. Irgendwie gilt es, alle groben, konkreten und begrenzenden Vorstellungen loszulassen, die uns in einer unbefriedigenden und weltlichen Sicht von uns selbst und anderen gefangen halten.

Von einem philosophischen Standpunkt aus gesehen heißt dies, daß es in der Leere weder Formen noch Töne, weder Gerüche noch sonstige Sinneswahrnehmungen gibt. Eine solche Sicht kann dadurch zu einer echten Erfahrung werden, wenn wir zulassen, daß sich durch die Auflösungen im Todesprozeß alles im Raum auflöst. In diesem Augenblick der Auflösung kann euer Geist nicht den gewohnten Kontakt mit der Welt der Sinne aufnehmen. Im Klaren Licht der Leere, in diesem Raum, gibt es keine Farben, Gerüche, Empfindungen und dergleichen. Alle beschränkten, dualistischen Probleme sind verschwunden, und als Ergebnis dessen kann der natürliche Zustand des Geistes ausstrahlen und die ganze wirkliche Welt umfassen. Verweilt in diesem offenen, weiten, ungeschiedenen Zustand, solange es euch möglich ist, mit dem Gefühl, den wirklichen Dharmakaya erlangt zu haben: die vollkommen klare Weisheit der vollständigen Erleuchtung.

WIEDERERSCHEINEN

Wie gelangt ihr nun zur Erfahrung des Sambhogakaya? Wenn ihr euch im Raum des Dharmakaya befindet, laßt ihr alles los, bis es nichts mehr gibt, was euren Geist in Unruhe versetzen könnte. Überhaupt nichts. Nach einiger Zeit beginnen sich die relativen Probleme wieder bemerkbar zu machen, sie ziehen euren Geist und eure Aufmerksamkeit an wie ein Magnet. Das ist der Zeitpunkt, an dem ihr von der Dharmakaya- zur Sambhogakaya-Erfahrung weitergeht. Nur ihr selbst wißt, wann dieser Zeitpunkt gekommen ist. Niemand sonst kann euch sagen, was in eurem Geist vor sich geht.

Wenn sich diese dualistischen Bewegungen in eurem Geist bemerkbar machen, erinnert euch an euer Mitgefühl, den Wunsch, anderen Wesen Nutzen zu bringen, und faßt den festen Entschluß, in einer Form zu erstehen, auf die sich andere Wesen beziehen können. In diesem Raum der Nichtdualität – dem Klaren Licht der Leere – erscheint etwas. Es gleicht einer kleinen Wolke, die plötzlich in der Weite des Himmels auftaucht. Form und Farbe dessen, was da im Raum eures Geistes erscheint, hängen ab von der Art eurer Praxis. In vielen Sadhanas ist es eine Silbe oder ein Buchstabe, ein Symbol der Hauptgottheit. Es kann auch die Form eines Punktes, eines Samenkornes oder eine andere Gestalt annehmen. Was auch immer es ist, ihr solltet es als eine feine Manifestation eures eigenen Bewußtseins erkennen. Es ist nicht so, daß ihr es von außen betrachtet; ihr solltet euch statt dessen völlig eins damit fühlen. Es ist die Gestalt, die euer wiederauftauchender Geist annimmt.

So wie ihr zuvor das offene Klare Licht als die wirkliche Dharmakaya-Erfahrung erkannt habt, so solltet ihr jetzt diese feine, durchscheinende Gestalt – sie entspricht dem immateriellen Körper, den wir zwischen Tod und Geburt, im Bardo, besitzen – als wirklichen Körper der Freude *(sambhogakaya)* annehmen. Auch sie ist eine untrennbare Einheit von großer Seligkeit und ungeschiedener Weisheit, die wir jetzt mit dem wirklichen Sambhogakaya eines Buddha gleichsetzen. Denkt: „Das ist der wirkliche Sambhogakaya! Das ist mein wahres Ich." Haltet für eine Weile die klare Erscheinung dieser Keimsilbe und den göttlichen Stolz, der Sambhogakaya zu sein, aufrecht. Dadurch verwandelt ihr den gewöhnlichen Zwischenzustand, den Bardo, in den Weg zur Erleuchtung des Körpers der Freude.

Wenn ihr bereit seid, dann erneuert eure Motivation des Bodhicitta, den Wunsch, zum Wohle aller zu wirken, und faßt den festen Entschluß in einer Form zu erstehen, auf die sich noch mehr Wesen beziehen können. Aus dieser mitfühlenden Haltung heraus verwandelt sich die Keimsilbe plötzlich in den durchscheinenden Regenbogenkörper der Gottheit. Das ist der Erscheinungskörper *(nirmanakaya)* eines vollständig Erwachten, der Körper, der an die Stelle des grobstofflichen Körpers einer gewöhnlichen Wiedergeburt tritt und im Wesen Glückseligkeit und Leere ist. Identifiziert euch wieder ganz stark mit dieser Erscheinung und denkt: „Das ist der wirkliche Nirmanakaya; das ist mein wahres Ich." Auf diese Weise wird die gewöhnliche Wiedergeburt als Erscheinungskörper eines Buddha in den Weg aufgenommen.

Wenn ihr euch selbst als Gottheit seht, dann solltet ihr das Gefühl haben, daß ihr eine echte Verkörperung der Gottheit darstellt. Glaubt nicht, daß ihr nur so tut als ob; ihr solltet fest davon überzeugt sein. Wie ein Schauspieler, der auch nach der Vorstellung seine Rolle weiterspielt, stellen wir vielleicht dann überraschenderweise fest, daß wir zur Gottheit geworden sind. Ein solcher göttlicher Stolz – das ganz starke Gefühl, tatsächlich die Gottheit zu sein – ist unverzichtbar. Dieser göttliche Stolz verleiht der tantrischen Umwandlung große Kraft und läßt sie zu etwas ganz Natürlichem werden. Wer glaubt, daß es im Tantra lediglich darum gehe, *so zu tun,* als sei man eine Gottheit, der irrt sich gewaltig.

LOSLASSEN

Es mag vielleicht sein, daß ihr in der Meditation euer bestes versucht, um in einem bewußten, offenen Zustand von Nichtdualität, von Ungeschiedenheit zu verweilen und doch sehr leicht vom Auftauchen der verschiedensten Vorstellungen und Gedanken abgelenkt werdet. Wenn dies geschieht, ist es häufig das beste, statt gegen diese Vorstellungen anzukämpfen, euch einfach ganz kraftvoll als Gottheit – z.B. als Tara – vorzustellen und dabei ein tiefes Gewahrsein von großer Liebe und großem Mitgefühl zu entwickeln. Verweilt in diesem Raum tiefen Gewahrseins und gestattet euch, Tara zu *sein.*

Wenn ihr feststellt, daß euch Vorstellungen über dies und jenes ablenken – ihr träumt z.B. von einer Pizza –, dann gebt ihnen nicht viel Kraft. Statt im Geist ein Gespräch anzufangen – „Ach, hätte ich doch bloß eine Pizza! Statt mich mit dieser Meditation abzuquälen, könnte ich es mir so gut gehen lassen" –, könnt ihr mit der Rezitation des Tara-Mantras beginnen, *om tare tuttare ture soha,* und solange damit fortfahren, bis ihr wieder Ruhe gefunden habt. Ein solches Verhalten zeigt mehr Geschick, als sich in das weltliche Mantra *Pizza, Pizza, Pizza* hineinzusteigern.

Zu große Erwartungen stellen ein weiteres großes Hindernis für den Erfolg beim Meditieren dar. Diese verblendete Haltung hindert uns daran, uns mit unseren Meditationserfahrungen zufrieden zu geben und zwingt uns ständig dazu, unsere Erfahrungen an irgendeinem nur in der Vorstellung existierenden Ideal zu messen. Wir versetzen uns in Unruhe, wenn wir denken: „Den Lehren, die ich erhalten habe, zufolge sollte ich an dieser Stelle große Seligkeit erfahren, doch erlebe ich nichts dergleichen. Ich bin ein Versager!" Wir verspannen uns so sehr in der Erwartung einer bestimmten Erfahrung, daß sie nie eintritt. Es leuchtet ein, warum das nicht geschieht. Wie soll auch in einem aufgeregten und verspannten Geist Seligkeit entstehen.

Die einzige Lösung dafür besteht im *Loslassen.* Begreift, daß Erwartungen ein Hindernis darstellen, und laßt sie los, sobald sie auftauchen. In anderen Worten, geht ein bißchen locker an die Sache heran. Manchmal wenden wir zuviel Energie für die Praxis auf oder unterwerfen uns einer zu harten Disziplin, im Glauben, daß uns das schneller zu den gewünschten Verwirklichungen führt. Zu große Anstrengungen führen jedoch häufig zum genauen Gegenteil; sie lähmen unseren Fortschritt, statt ihn zu fördern.

Denkt vielleicht an Anfänger beim Autofahren, die noch nicht entspannt am Steuer sitzen. Da sie sich große Mühe geben, alles richtig zu machen, sind sie ständig am Schalten und Regulieren ihrer Geschwindigkeit. Infolgedessen fahren sie unruhig und sprunghaft. Autofahren wird so eher eine lästige Pflicht als ein Vergnügen. Erfahrene Autofahrer sind im Gegensatz dazu entspannt. Sie behalten alle Vorgänge im Auge, haben jedoch gelernt loszulassen, und der Wagen fährt sozusagen von alleine. Eine solche Fahrt verläuft sanft und ohne Anstrengung; manchmal sogar mit dem Gefühl, man fliege glückselig durch die Luft und holpere nicht geräuschvoll die Straße entlang! Wenn wir in der Meditation eine ähnliche Freude erfahren wollen, dann müssen wir lernen, unsere Erwartungen loszulassen und unsere übertriebenen, ichbezogenen Anstrengungen zu verringern.

GÖTTLICHER STOLZ UND KLARE ERSCHEINUNG

Es ist sehr wichtig, uns im göttlichen Stolz, einer Übung der Entwicklungsstufe des Tantra, zu schulen. Für gewöhnlich sind wir unzufrieden und neigen dazu, Körper, Sprache und Geist zu kritisieren. „Mein Körper ist nicht gut in Form; ich habe eine unangenehme Stimme, und mein Geist ist verwirrt." Wir haben uns so sehr in dieser nutzloßen, neurotischen Gewohnheit des Kritisierens verfangen, daß wir uns selbst und andere ständig herabsetzen. Vom tantrischen Standpunkt aus gesehen ist das höchst gefährlich.

Ihr könnt dieser Neigung entgegenarbeiten, indem ihr ein Gefühl von göttlichem Stolz entwickelt, d.h. wenn ihr z.B. in die Nirmanakaya-Erfahrung eintretet, das starke Gefühl erzeugt, daß ihr tatsächlich der erleuchtete Erscheiunungskörper eines Buddha seid und daß euer Geist frei von allen Verblendungen und Begrenzungen ist. Wenn ihr euch statt dessen weiterhin an der Vorstellung festhaltet, daß ihr im Grunde verwirrt und wütend seid, dann verkörpert ihr euch als eine verwirrte und wütende Person und sicherlich nicht als glückselige Gottheit. Ihr könnt diesen zerstörerischen Gedanken über euch selbst Einhalt gebieten und ihre negativen, euch niederdrückenden Folgen vermeiden, wenn ihr euch auf die Einheit eures grundlegenden Bewußtseins mit den weisen, von Mitgefühl erfüllten Eigenschaften der Guru-Gottheit ausrichtet. Auf diese Weise öffnet ihr euch für große Wogen von Inspiration, die euer ganzes Leben verwandeln können. Je stärker ihr euch auf dieses Gefühl göttlichen Stolzes ausrichtet, desto tiefer wird eure Erfahrung von Freiheit von allen Formen der Begrenzung und Unzufriedenheit.

Die Praxis des höchsten Tantra sollte – ganz ähnlich wie ein köstlicher Weihnachtskuchen, der gehaltvoll, gesund und wohlschmeckend ist – drei besondere Kennzeichen aufweisen: einmal sollten wir uns selbst und alle Wesen als Gottheit wahrnehmen; zum zweiten sollte unser Geist untrennbar eins mit nichtdualer Weisheit sein; und drittens sollten alle Erfahrungen freudvoll und beseligend sein.

Gebt nicht vor, die Gottheit zu sein, z.B. der zuvor erwähnte Heruka. Es geht nicht um ein so tun als ob, wenn ihr euch als Gottheit visualisiert. Ihr solltet euch durch und durch als Heruka fühlen, er und ihr sind eine untrennbare Einheit. Je mehr ihr dieses Gefühl von Einheit entwickelt, desto kraftvoller wird eure Umwandlung. Das ist ganz natürlich.

Ihr solltet euch darin schulen, alle Erscheinungen als trügerisch anzusehen, ohne jede Konkretheit; sie existieren nicht getrennt von eurem Geist „da draußen". Mit anderen Worten solltet ihr alle Erscheinungen als aus Leerheit entstehend erkennen; sie sind im Wesen leer und ungeschieden. Schließlich sollte eure Erfahrung der leeren, trügerischen Erscheinungen von äußerster Seligkeit begleitet sein. Das geschieht im Verlauf der Praxis des Höchsten Yoga-Tantra, wenn es euch gelingt, all eure Aufmerksamkeit derart nach innen zu richten, daß ihr euch der beseligenden Kundalini-Kraft innewerdet, die euer ganzes Nervensystem durchdringt. Das ermöglicht euch dann, alle eure Erfahrungen mit dieser großen beseligenden Energie eins werden zu lassen.

Bei diesem Vorgang der Verwandlung sind einige körperliche Übungen, wie sie z.B. das Hatha-Yoga beinhaltet, sehr hilfreich, und sie spielen von daher in der Praxis der Vollendungsstufe eine bedeutsame Rolle. Diese Übungen sind nun aber nicht lediglich dazu da, unsere Haltung zu verbessern oder unsere Gesundheit zu stärken. Ihr wesentlicher Zweck besteht darin, unsere beseligende Kundalini-Kraft zu stärken. Diese beseligende Energie durchdringt unser ganzes Nervensystem, unser Problem besteht allerdings darin, daß wir sie nicht erkennen. Durch eine angemessene Praxis von Hatha-Yoga können wir lernen, mit dieser beseligenden Energie in Kontakt zu treten, sie zu stärken und mit ihr zu kommunizieren, damit wir sie schließlich überall hin leiten können – nicht mit dem Zweck gewöhnliche Freude zu erzeugen, sondern mit dem Ziel, Einfluß auf die feinsten Ebenen von Körper und Geist zu gewinnen.

Wenn wir irgendeine dieser Übungen durchführen, ist es

äußerst wichtig, das Gewahrsein für unser göttliches Wesen aufrechtzuerhalten. Wir müssen unser begrenztes Selbstbild und all unser Selbstmitleid loslassen, denn nur so zeigen diese Übungen eine echte Wirkung. Durch eine angemessene Praxis werden wir an den Punkt kommen, wo das bloße Berühren irgendeines Teiles unseres Körpers große Seligkeit auslöst. Wenn sich der Körper immer leichter und beweglicher anfühlt, können körperliche Energien, die zuvor eine Quelle von Schmerz waren, Empfindungen höchster Freude auslösen. Die tantrische Umwandlung findet nicht nur auf der Ebene von Vorstellungen statt; sie verändert auch unser körperliches Sein.

DIE TANTRISCHE PERSÖNLICHKEIT

Viele Menschen meinen: „Der Körper ist nicht so wichtig; die größte Bedeutung kommt der nach innen gerichteten Meditation zu." Das ist verkehrt. Dem Tantra zufolge sind beide Auffassungen falsch, die, der Geist sei wichtiger als der Körper und die, der Körper sei wichtiger als der Geist. Beide sind gleichermaßen wichtig. In der Praxis des Tantra wird der Körper als ein Feld angesehen, das unerhörte Bodenschätze enthält. Dieser unser Körper enthält bei allem Leiden, das er uns bringt, die allerkostbarsten Ressourcen: das Gold der Kundalini-Kraft, das Kundalini-Erdöl.

Dann und wann haben wir alle Empfindungen großer körperlicher Seligkeit erfahren. Manchmal sitzen wir einfach entspannt da, und plötzlich durchströmt uns ein Gefühl intensiver Seligkeit. Diese Erfahrung ist weit verbreitet, sie stellt keine besonders hohe Verwirklichung dar. Sie ist jedoch ein Hinweis auf den großen Schatz beseligender Energie, die jetzt schon in unserem Körper wohnt. Sinn und Zweck der verschiedenen Yogas, Übungen und Meditaionen des Höchsten Tantra bestehen darin, diese beseligende Energie in uns zu wecken, Einfluß auf sie zu nehmen und sie zu nutzen, um damit das höchste Glück zu erlangen: die Erleuchtung eines

Buddha. Solange ihr dabei den Kopf nicht verliert und Achtsamkeit aufrechterhaltet, könnt ihr alle nur denkbaren Freuden genießen. Ob ihr die Freude samsarisch oder weltlich oder wie auch immer nennt – sie kann euch zur Befreiung führen.

Das Herzstück des Tantra ist der geschickte Umgang mit Freude. Eine Person ist dann für Tantra geeignet, wenn sie mit Freude umgehen kann, sie die Erfahrung von Freude für das Erlangen der Befreiung nutzen kann. So sieht eine tantrische Persönlichkeit aus. Wenn jemand nur Zustände von Elend und Leid kennt, dann wirken die tantrischen Übungen nicht. Wie einem Kernreaktor, der nicht mit Brennstoff versorgt wird, stehen einer solchen Person keine Energien für die notwendige Umwandlung zur Verfügung.

Die Ressourcen für Freude sind in diesem unserem Körper enthalten. Dieser Umstand ist einer der Hauptgründe dafür, daß dieser Körper als ein so kostbarer Schatz betrachtet wird. Was wir brauchen ist ein Methode, mit der wir diese Quellen zum Sprudeln bringen und so gebrauchen, daß sie nicht nur uns selbst Glück bringen, sondern auch allen anderen Wesen. Damit wir dazu in der Lage sind, müssen wir mit der eingefahrenen Gewohnheit brechen, alle unsere Lebenserfahrungen mit einer Leidensmiene und durch die Brille negativer Projektionen zu betrachten. Wir mussen begreifen, daß wir alle unser Probleme als Menschen selbst erzeugen. Wir sollten weder der Gesellschaft die Schuld zuweisen, noch unseren Eltern oder Freunden; wir sollten die Schuld niemand anderem geben. Unsere Probleme haben wir selbst geschaffen. Aber so wie wir Schöpfer all unserer Schwierigkeiten sind, so schaffen wir auch unsere eigene Befreiung, und alles, was zum Erlangen dieser glückseligen Befreiung nötig ist, steht uns in unserem Körper und unserem Geist zur Verfügung, und zwar jetzt in diesem Augenblick.

WEISHEIT UND FREUDE VERBINDEN

Sinn und Zweck der Übung, uns in der Praxis der Drei-Kayas selbst als Gottheit zu erzeugen, besteht darin, unser mitleidvolles Selbstbild und unsere niederdrückenden Ego-Vorstellungen zu zerschmettern. Denn diese begrenzten und begrenzenden Vorstellungen hindern uns daran, die Explosion beseligender Energie zu erfahren, die in unserem Nervensystem verborgen ist, sie hindern uns daran, unsere Befähigung zur Erleuchtung Wirklichkeit werden zu lassen.

Die Weisheit der Leere ist eine beseligende Erfahrung. Es ist sehr wichtig, daß diese beiden Elemente – klarsichtige Weisheit und Einsicht in das Wesen der Dinge und die Gefühle von Freude und Seligkeit – in einer Erfahrung zusammenkommen. Im Westen gibt es viele junge Menschen, die sehr intelligent sind, ihrem Leben jedoch wenig oder gar keine Freude abgewinnen können. Ihre Klugheit hat ihnen kein Glück gebracht. Viele von ihnen sind eher völlig gestört. Sie können allerlei auf die Beine stellen, sie können z.B. komplizierte Computer-Spiele entwerfen, da sie jedoch nicht wissen, wie sie eine Verbindung zwischen Intellekt und Gefühlen herstellen können, bleibt ihr Leben trocken, intellektuell, steril und unzufrieden.

Im Gegensatz dazu gibt es andere Menschen, die mehr Geschick im Hinblick auf die Erfahrung von Freude haben. Vielen von ihnen fehlt jedoch eine klare Intelligenz, sie besitzen keine scharfe, durchdringende Weisheit. Sie haben ein gewisses Maß an Zufriedenheit in ihrem Leben erlangt, ihr Geist ist jedoch eher dumpf und schwerfällig.

Im Tantra geht es darum, große Weisheit zu erzeugen und unsere Intelligenz dadurch in praktische Erfahrung umzusetzen, daß wir sie mit einem durch Glückseligkeit geschärften Gewahrsein verbinden. Auf diese Weise können wir Leben und Glücklichsein miteinander verbinden, und dadurch alle Schwierigkeiten vermeiden, die für gewöhnlich mit der Jagd nach Glück einhergehen. Denn in dieser Welt stellt Freude ein Problem dar. Für viele wohlhabende Menschen sind grobe körperliche Leiden wie Hunger und Krankheit kein Problem mehr. Im Umgang mit Freude – ohne verrückt zu werden oder zu entarten – besteht ihre große, unbeantwortete Frage. Die tantrische Erfahrung bietet die Lösung dafür.

Wir haben schon mehrfach darauf hingewiesen, daß im tantrischen Verständnis das grundlegende menschliche Problem darin besteht, daß die Erfahrung von Freude für gewöhnlich unsere Unwissenheit, Verwirrung und innere Dunkelheit vermehrt. Das bedeutet nicht, daß wir auf Freude verzichten sollten. Wir *sollten* Freude erfahren, es gilt, in der Erfahrung von Freude jedoch Kontrolle zu behalten. Wir sollten dadurch nicht unter den Einfluß von Unwissenheit und Verblendung geraten. Wir lernen so, wie wir die Erfahrung unermeßlicher Freude machen können und gleichzeitig klar und kontrolliert bleiben. Wir lernen, wie die Erfahrung von Freude glasklare, durchdringede Weisheit entstehen läßt.

Im allgemeinen wollen wir an dem, was uns geschieht, festhalten. Selbst wenn unseren Meditationen Erfolg beschieden ist, und wir spüren, wie die beseligende Kundalini-Kraft erwacht, neigen wir dazu, daran krampfhaft festzuhalten. „Das ist *meine* Erfahrung; sie gehört *mir!*" Mit dieser Gewohnheit müssen wir auf irgendeine Art brechen. Wir müssen lernen, freudvolle Erfahrungen zuzulassen, ohne an ihnen als *Besitz* festzuhalten. Das gelingt uns, wenn wir unseren Geist mit Leerheit, mit Nichtdualität eins werden lassen. Wenn dann Freude entsteht, scheint sie irgendwo im Raum zu geschehen. Das ist schwer mit Worten auszudrücken, und ich hoffe sehr, daß ihr meinem Versuch, das in Worte zu kleiden, ohne große Schwierigkeiten folgen könnt. Irgendwie müssen wir unsere Gewohnheit, alles besitzen zu wollen, alles auf ein begrenztes Ich zu beziehen, überwinden, darüber hinausgehen. Vielleicht kann ich diesen Punkt noch etwas verdeutlichen. Stellt euch einen Mann oder eine Frau vor, die ihr äußerst anziehend findet. Schon allein, wenn ihr diese Person anschaut, gerät ganz viel Energie in euch in Bewegung. Vielleicht streckt ihr die Arme aus, um ihn oder sie zu berühren. Stellt euch nun vor, daß sich diese Person plötzlich in strahlendes, durchscheinendes Regenbogenlicht auflöst. Eure schweren Gefühle, euer Verlangen und eure besitzergreifende Art lösen sich ebenfalls von ganz alleine auf, und an ihrer Stelle entsteht ein viel leichteres, heiteres Gefühl. Ihr habt immer noch eine Beziehung zu diesem wundervollen Gegenstand, allerdings eine ganz andere als zuvor. Ihr habt von eurer Besitzgier losgelassen und erfahrt jetzt etwas viel Offeneres, etwas viel Umfassenderes. Die Erfahrung, von der hier die Rede ist, hat etwas Leichtes und Freudvolles an sich, gleichzeitig ist ungemein tiefes Gewahrsein da. Und um eine solche Erfahrung geht es.

12 Das letztendliche Ziel

DIE VOLLENDUNGSSTUFE: INNERES FEUER UND KONTROLLE DER ENERGIEN

Die Praxis der drei Kayas der Entwicklungsstufe ist in der Tat lediglich eine Generalprobe für die fortgeschritteneren Übungen der Vollendungsstufe, die dann tatsächlich unseren gewöhnlichen Körper und Geist in den alles überragenden Körper und Geist eines erleuchteten Wesens verwandeln. Die Übungen der Entwicklungsstufe sind dafür unerläßlich. Nur wenn wir die konkreten Vorstellungen über uns selbst lockern – und die klare Erscheinung der Gottheit aus dem Raum der Leere erzeugen und göttlichen Stolz auf uns selbst als die Gottheit entfalten –, schaffen wir den nötigen Raum, in dem eine Umwandlung stattfinden kann.

Wenn wir genügend Geschick in der Praxis der Vollendungsstufe entwickelt haben – und z.B. Innere Hitze *(tummo)* in unserem Nabelzentrum erzeugen können –, dann können wir alle Energiewinde in den Hauptkanal bringen und sie darin auflösen, wie das im Verlauf des Todes geschieht. In der Folge erwacht die Weisheit des Klaren Lichtes unseres grundlegenden Geistes, und wir können schließlich den regenbogengleichen Illusionskörper manifestieren, mit dem wir unseren alten Körper aus Fleisch und Blut willkürlich verlassen und in den wir auch wieder zurückkehren können. So etwas geschieht dann tatsächlich; es geht nicht mehr um bloße Visualisierungen und Vorstellungen wie im Verlauf der Entwicklungsstufe. Die kostbare, in uns ruhende Kundalini-Kraft wird zum Leben erweckt; wir erlangen die gleichzeitig geborene große beseligende Weisheit, und wir überschreiten die Grenzen unserer gewöhnlichen körperlichen Gestalt.

Wenn wir Einfluß auf unsere inneren Windenergien erlangen, in einem Ausmaß, daß wir sie in jeden beliebigen Kanal lenken können, sind wir auch in der Lage, die äußeren Windenergien zu beherrschen. Es gibt viele Geschichten von hoch verwirklichten tantrischen Meistern, die von ihrem großen Einfluß auf die äußeren Elemente berichten. Es gab z.B. einmal ein großes Gebetsfest in Lhasa, zu dem Je Tsongkhapa aufgerufen hatte und bei dem Tausende von Butterlampen vor dem Standbild von Shakyamuni Buddha entzündet wurden. Irgendwann geriet das Feuer außer Kontrolle, und in panischer Angst eilten die Menschen zu Je Tsongkhapa und riefen: „Deine Feueropfer werden bald den ganzen Tempel niederbrennen!" Er setzte sich nieder, versank in tiefe Meditation, und plötzlich hörten alle Butterlampen auf zu brennen. Die Menschen mögen das ein Wunder nennen, es gibt jedoch nichts Geheimnisvolles oder Unerklärliches dabei. Wenn jemand – sei es Mann oder Frau – auf diese Weise seine bzw. ihre inneren Energien meistert, wie das bei Tsonkhapa zweifellos der Fall war, dann kann eine solche Person ganz gewiß auch die äußeren Energien handhaben.

Ich glaube, daß die Meditation des Inneren Feuers der westlichen Mentalität genau entspricht. Warum? Materielle Dinge üben eine große Anziehungskraft auf den westlichen Geist aus. Die Menschen lieben das Stoffliche; sie möchten damit arbeiten und spielen, es gestalten und umwandeln. Und durch die Arbeit am Stofflichen versuchen sie auch den Geist der Menschen zu beeinflussen. Die Tummo-Meditation versucht das gleiche; durch die Handhabung der Energien in unserem Körper hilft sie uns, unser Bewußtsein zu erweitern und weitere Ebenen glückseliger Weisheit zu erfahren.

Auch scheinen mir die westlichen Menschen von großer Ungeduld erfüllt: Sie möchten sofort ein Ergebnis sehen. Sie kaufen Fertigkaffee, Fertigsuppen, Fertiggerichte usw. Wenn es dann um einen spirituellen Weg geht, dann bestehen sie auf sofortiger Zufriedenheit und sofortigen Erfahrungen. Und das erhalten wir durch die Meditation des Inneren Feuers. Wenn wir bestimmten einfachen Schritten folgen – sie sind alle äußerst genau und geradezu wissenschaftlich beschrieben

–, führt das zu Ergebnissen; unser Bewußtsein verwandelt sich vollständig. Wir brauchen keine ungewöhnlichen religiösen Glaubensvorstellungen anzunehmen; wir folgen den Anweisungen und machen von ganz alleine die entsprechenden Erfahrungen. Wir richten unsere Aufmerksamkeit auf die Energien in unserem eigenen Körper und Geist, und dadurch verändert sich unsere Wirklichkeit tiefgreifend. Eine ganz einfache Sache, einfach und unmittelbar.

Dieses zwanzigste Jahrhundert ist unglaublich schnell und voller Energie. Durch die ungeheure Explosion von Energien geschehen viele gute und viele zerstörerische Dinge. So ist das Leben. Wenn wir nun mit unserem Leben etwas Positives anfangen möchten, brauchen wir eine Methode, die zumindest genausoviel Kraft besitzt wie die verwirrten, materiellen Energien, in denen wir uns verfangen haben. Philosophische Ideen können uns nicht aus unserer gegenwärtigen Krise heraushelfen, gleichgültig wie großartig sie sein mögen. Solche Vorstellungen besitzen aus sich selbst heraus so wenig Substanz wie Wolken; sie mögen überzeugend aussehen, verflüchtigen sich jedoch schnell und lassen uns genauso hilflos zurück wie zuvor. Wir brauchen etwas Aktives, etwas Kraftvolles und Direktes. Wir brauchen etwas, was uns *jetzt* zu handeln erlaubt und *jetzt* Ergebnisse bringt. Und dieses „Etwas" ist Tantra, vor allem die Tummo-Praxis der Vollendungsstufe.

All dieses Reden über sofortige Ergebnisse und die Erzeugung unglaublicher Seligkeit mag anziehend klingen, wir sollten jedoch zwei wichtige Punkte nicht vergessen. Obgleich die Tummo-Praxis ganz bestimmt zu einer Erfahrung von Seligkeit führt, besteht ihr Hauptzweck darin, die Weisheit des Klaren Lichtes zu erfahren. Diese Weisheit – eine klare Einsicht in das Wesen der Wirklichkeit – befreit uns von den Fesseln unserer Verblendungen. Seligkeit alleine vermag das nicht. Es gilt also während der Tummo-Meditation ein möglichst tiefes Verständnis von Leerheit, von Nichtdualität, von Ungeschiedenheit, von dem nicht aus sich heraus existierenden Wesen dieser Erfahrung von Seligkeit zu erlangen. Wenn wir unseren alten Gewohnheiten folgen und die freudvollen Gefühle als konkret und aus sich heraus existierend ansehen, dann hat das kraftvolle Erzeugen von Verlangen katastrophale Folgen.

Wir sollten uns von unserer Suche nach Seligkeit niemals so mitreißen lassen, daß wir die Motivation vergessen, die hinter allen tantrischen Übungen steht. Das letztendliche Ziel des buddhistischen Weges, sei es Sutra oder Tantra, besteht darin, von größtmöglichem Nutzen für andere zu sein. Wenn wir uns so sehr in das Streben nach Seligkeit verfangen, daß wir vergessen, uns dem Wohle aller anderen zu widmen, dann werden wir niemals Erfolg in unserer Praxis haben. Wir werden lediglich die Ursachen für noch mehr Unglück und Enttäuschungen schaffen.

GLÜCKSELIGES GEWAHRSEIN

Wenn wir immer vertrauter mit der glückseligen Erfahrung des Klaren Lichtes werden, die in unserem Hauptkanal wohnt, entwickeln wir dadurch eine immer kraftvollere Methode, mit der wir über die gewöhnlichen, begrenzten Erfahrungen dieser Sinneswelt hinausgehen können. Wir sind dann in der Lage, alles was uns in unserem Alltag widerfährt, mit dieser inneren Erfahrung glückseligen Gewahrseins zu verbinden. Dann laufen wir nicht mehr Gefahr, daß unsere gewöhnlichen freudvollen Erfahrungen den Frieden unseres Geistes stören. Statt dessen können wir jede Sinnesfreude, die wir in unserem Kontakt mit der Sinnenwelt erfahren, mühelos mit glückseliger Weisheit verbinden und damit unseren inneren Frieden vertiefen.

Und wenn unsere Sinnesorgane mit einem freudvollen Gegenstand in Verbindung treten, so verfallen wir nicht in unsere gewohnten Verhaltensmuster – Greifen, Anhaften, Dumpfheit und Enttäuschung –, sondern können die Kraft des Verlangens, die dadurch entsteht, so ausrichten, daß sie unser ganzes Nervensystem durchdringt. Gleichzeitig sind wir in der Lage, dieses dadurch entstehende freudvolle Gewahrsein untrennbar mit dem klaren Raum der Ungeschiedenheit, der Nichtdualität zu verschmelzen. All unsere früheren mit Verlangen verbundenen Probleme sind dadurch gelöst; statt Ursache von Unzufriedenheit zu sein, nährt unser Verlangen die Erfahrung von Ganzheit.

Mit der Entwicklung einer inneren Quelle von Seligkeit und Zufriedenheit verändern sich unsere Umstände in einer Weise, daß wir immer weniger emotionale Bedürfnisse auf unsere Umgebung richten. Unsere innere Kraft schenkt uns nach und nach Freiheit von der Abhängigkeit von äußeren Umständen. Wenn die Ereignisse in der Welt draußen nicht so verlaufen, wie wir es gerne hätten, dann bereitet uns das immer weniger Schwierigkeiten. Wir machen uns keine Sorgen mehr über die Zukunft; warum sollten wir uns auch über das Fehlen vergänglicher Freuden am morgigen Tag aufregen, wenn wir jetzt in diesem Augenblick in uns einen großen Vorrat an Freude und Seligkeit besitzen. Glaubt bloß nicht, eine innere Erfahrung von Freude habe etwas mit Selbstsucht zu tun. Je zufriedener wir innerlich sind, desto mehr Freude und Zufriedeheit können wir anderen schenken.

Natürlich gehört viel Übung dazu, wenn wir unseren Geist auf diese Weise schulen wollen. Im Augenblick ist es uns nicht möglich, ein Gefühl innerer Zufriedenheit und inneren Gleichgewichtes zu erzeugen und aufrechtzuerhalten. Wenn wir uns jedoch an die Zeiten in unserem Leben erinnern, in denen wir ein gewisses Maß an ruhiger Zufriedenheit erfahren haben, können wir Vertrauen entwickeln in unsere Fähigkeit, einen solchen Frieden immer wieder zu erfahren. Ganz besonders dann, wenn wir die tiefgründigen tantrischen Übungen zum Erlangen unvorstellbarer Seligkeit und Klarheit des Geistes kennen, haben wir guten Grund, uns inspiriert zu fühlen. Je mehr wir uns in diesen Übungen schulen, desto tiefer verstehen wir, daß es in der Tat möglich ist, ein für uns selbst und andere wirklich nützliches und sinnvolles Leben zu führen.

DAKAS UND DAKINIS

Wenn wir die Übungen der Vollendungsstufe gemeistert und Kontrolle über die feinen Energiewinde und dergleichen gewonnen haben, dann ist die Zeit für die Dakas und Dakinis gekommen. Was sind Dakas und Dakinis? Einfach gesprochen sind das Männer und Frauen, die sehr fortgeschrittene Erfahrungen auf dem Gebiet der tantrischen Umwandlung gemacht und ein hohes Maß an Kontrolle erlangt haben, und die deshalb in der Lage sind, die glückselige Weisheit in hochqualifizierten Praktizierenden zu stärken. Es gibt einen Punkt der Meisterschaft der Vollendungsstufe, wo die körperliche Umarmung eines Gefährten oder einer Gefährtin notwendig ist, damit alle Windenergien in den Hauptkanal eintreten, eine Veraussetzung dafür, daß sich unser Herz-Chakra völlig öffnet und wir die tiefsten Ebenen des Klaren Lichtes erfahren können.

Wenn man von tantrischer Praxis mit Gefährten spricht, dann treten häufig Mißverständnisse auf; v.a. sind davon Menschen betroffen, die keinen oder nur oberflächlichen Kontakt mit dem buddhistischen Tantra haben. Viele Menschen aus dem Westen haben z.B. tibetische Rollbilder und Statuen gesehen, auf denen Gottheiten im Umarmung dargestellt sind; sie mißverstehen diese Symbolik und sind der Meinung, daß sich der tibetische Buddhismus in erster Linie mit der sexuellen Vereinigung von Männern und Frauen befaßt. Wie schon früher erwähnt, drückt diese Kunst die Erfahrung völliger Einswerdung aus – von Weisheit und Methode, von Seligkeit und Leere –, das Kennzeichen des erleuchteten Zustandes. Wenn wir über die Praxis der Vollendungsstufe sprechen, dann könnte dies Anlaß für zusätzliche Verwirrung geben. Es muß betont werden, daß wir erst dann hinreichende Voraussetzungen für das Umarmen eines äußeren Gefährten geschaffen haben, wenn wir Meisterschaft über unseren feinen Körper erlangt und die in uns schlafende glückselige Kundalini-Kraft zum Leben erweckt und „umarmt" haben.

Es besteht ein himmelweiter Unterschied zwischen einer tantrischen Umarmung und dem gewöhnlichen Geschlechtsverkehr. Wie groß der Unterschied zwischen ihnen ist, wird deutlich, wenn wir daran denken, daß der oder die Praktizierende bei der Praxis der Vollendungsstufe die Energiewinde in den Hauptkanal bringt, dort auflöst und dabei die gleichen geistigen und körperlichen Auflösungsvorgänge erfährt wie im Todesprozeß. Solange wir diese todesähnliche Erfahrungen nicht bei vollem Bewußtsein meistern, ist es eine Farce, wenn wir von tantrischen Umarmung sprechen. Überdies: Während bei einem gewöhnlichen Geschlechtsverkehr der Mann in die Frau eindringt, dringt in einer echten tantrischen Umarmung die Energie der Frau in den Mann ein.

DIE FRUCHT TANTRISCHER PRAXIS

Wir sollten begreifen, daß die Praxis dieser Übungen der tantrischen Umwandlung zu unterschiedlichen Erfolgen führt. Die Vollendung besteht natürlich darin, tatsächlich die drei Körper eines Buddha zu erlangen – d.h. in der vollständigen Erleuchtung –, und zwar bevor wir sterben, noch in diesem Leben. Das ist ganz bestimmt möglich. Es gibt viele vollendete Praktizierende, die auf diese Weise zum völligen Erwachen gelangt sind. Wenn es uns jedoch nicht gelingt, die Ganzheit unseres Seins jetzt zu entdecken, dann können wir das immer noch zum Zeitpunkt des Todes oder sogar im Zwischenzustand zwischen zwei Leben. Und auch wenn uns unsere Praxis nicht bis zur Erleuchtung führt, so kann sie uns doch Freiheit vor Todesangst und ein gewisses Maß an Einfluß auf unsere zukünftige Wiedergeburt schenken. Schon das wäre eine großartige Leistung, denn es würde uns eine ungestörte spirituelle Weiterentwicklung in der Zukunft ermöglichen.

Wenn ihr mit einer Meditationspraxis beginnt, dann solltet ihr tapfer sein, gleichgültig wie schwierig sie euch anfangs erscheinen mag, und denken: „Ob ich großen Erfolg damit habe oder nicht, ich werde zumindest versuchen, *einige* Erfahrungen damit zu machen. Hegt keine negativen Gefühle: „Wie kann ich es wagen zu meditieren? Ich bin Neuling und weiß überhaupt nichts über Meditation. Außerdem habe ich in meinem Leben soviel Negatives getan; ich bin so ein großer Sünder. Wie kann jemand wie ich sich jemals Hoffnung auf Verwirklichungen machen?" Ein solches Denken ist völlig verkehrt. Erstens könnt ihr gar nicht wissen, was ihr erreichen könnt, wenn ihr es nie versucht. Weil ihr jetzt völlig verwirrt seid, kennt ihr euer wirkliches Potential gar nicht. Wenn ihr euer Bestes versucht, könnt ihr durchaus eine Überraschung erleben. Zum zweiten ist es dumm, wenn ihr euch Sorgen um eure vielen Sünden macht und glaubt, sie würden keinen Erfolg in der Meditation zulassen. Schaut euch Milarepa an. Er hat soviel Negatives getan und soviele Menschen getötet, und doch besaß er die Kraft zu einer vollständigen Verwirklichung von Entsagung, Bodhicitta und Leerheit und konnte schließlich durch die Praxis von Tantra vollständige Erleuchtung erlangen. Obgleich er also, wie er selbst zugab, ein großer Verbrecher war, konnte er unter der Anleitung seines Gurus Marpa und durch seine große Entschlossenheit seine Energien in rechte Bahnen lenken und zu einem großartigen und höchst erfolgreichen Meditierer werden. Wenn es ihm möglich war, seine negative Vergangenheit zu überwinden, warum glaubt ihr dann, daß ihr in eurer eigenen so verfangen seid, die im Vergleich mit der seinigen ganz harmlos ist.

Meiner eigenen Beobachtung nach sind Menschen, die viel Negatives in ihrem Leben getan haben, meist recht erfolgreich, wenn sie sich spirituellen Dingen zuwenden, während solche, die mit wenig Energie im Daseinskreislauf leben, auch wenig Kraft für das Erlangen der Erleuchtung aufwenden. Sie sind zu lasch und zu stumpf für jede Art von Handeln, gutes und schlechtes.

Worum es mir bei diesen Ausführungen geht, ist folgendes: Ihr solltet euch nie Grenzen für eure Fähigkeiten setzen, gleichgültig, wie euer bisheriges Leben verlaufen ist. Vielleicht seid ihr in eurer Meditation ständig abgelenkt, doch plötzlich reift ein Potential, das euch befähigt, lange Zeit ohne Unterbrechung zu meditieren. So etwas geschieht tatsächlich, seid also tapfer und bleibt am Ball. Zumindest solltet ihr einen festen Entschluß fassen: „Ich werde soviel Einfluß auf meinen Geist erlangen, daß ich bei Katastrophen oder im Tod die Konzentration und Klarheit besitze, in Ruhe alles wahrzunehmen, was geschieht." Eine solche Motivation ist ausreichend für eure Praxis. Sie hält eure Fähigkeit zur Verwirklichung eures inneren Potentials am Leben, und das ist viel größer, als ihr vermutlich glaubt.

EIGENSCHAFTEN AUF DEM WEG ZUM ERFOLG

Wenn wir durch tantrische Praxis *irgendeine* Stufe von Verwirklichung erreichen wollen, dann müssen wir vier Eigenschaften aufweisen. Zum ersten eine *unzerstörbare Hingabe.* Das bedeutet, daß wir ein klares Verständnis davon besitzen, daß dieser Weg, angefangen bei der Zufluchtnahme bis hin zu den fortgeschrittensten tantrischen Übungen, ein verläßlicher und wertvoller Weg ist. Wenn wir aus eigener Erfahrung diesem Weg vertrauen können, weil er uns dahin führt, wohin wir gehen wollen, wird unsere Hingabe auf ganz natürliche Weise unzerstörbar.

Anders ausgedrückt müssen wir Vertrauen zu unserem Handeln haben. Das fällt uns leicht, solange wir uns in der Gesellschaft von anderen befinden, die auch meditieren und praktizieren, oder in der Nähe unseres Lehrers. In einer so geschützten Umgebung gleicht die spirituelle Praxis einer Kultur, die man miteinander teilt; es ist etwas, auf das wir vertrauen und dem wir folgen können, ohne uns seltsam oder als Außenseiter zu fühlen. Verlassen wir jedoch diese künstlichen und isolierten Umstände und kehren in die „wirkliche" Welt zurück, dann verlieren wir schnell unser Vertrauen in die Praxis. Wir stehen unter dem Druck der Erwartungen und

Werte von anderen. Sie sagen: „Was bringt denn Meditation? Was sitzt du da und starrst auf deinen Bauchnabel, wenn es so viele aufregende Dinge im Leben gibt?“ Und wir lassen uns schnell von ihnen beeinflussen. Sehr bald versinken wir wieder im täglichen Einerlei, ohne damit etwas Vernünftiges anfangen zu können. Ist unser Vertrauen jedoch unterschütterlich, dann ist auch die Hingabe an unsere Praxis nicht zu erschüttern, und statt daß uns äußere Umstände den Boden unter den Füßen wegziehen, können wir sie zu einem Bestandteil des Weges werden lassen.

Die zweite Eigenschaft, die wir brauchen, ist *Freisein von Zweifeln,* frei von der Unentschlossenheit, die einem unklaren Geist entspringt. Wenn wir die klare Weisheit entwickeln, die die verschiedenen Elemente der Praxis, ihre Ordnung, ihren Sinn und Zweck und dergleichen erfaßt, dann lösen sich die lähmenden Zweifel, die uns daran hindern, dem Weg mit Entschlossenheit zu folgen, von alleine auf.

Wir müssen uns der festen Struktur, die unsere Praxis zusammenhält, so bewußt wie möglich sein. Es gibt viele Menschen, die jahrelang viele Dharma-Belehrungen gehört haben und sich dann beklagen: „Ich bin so verwirrt, ich weiß nicht, wo ich anfangen soll. Ich habe von so vielen Lamas Lehren erhalten, daß ich nicht mehr weiß, wer mein Haupt-Lehrer ist; ich weiß nicht einmal, mit welcher Meditation ich anfangen soll.“ Wenn wir uns mit vielen Themen befassen, viele Einweihungen erhalten und verschiedene Meditationsübungen kennengelernt haben und *immer* noch nicht wissen, wie wir praktizieren können, dann bedeutet das, daß wir die der Praxis zugrundeliegende Struktur aus den Augen verloren haben. Eines der schönen Dinge an der tibetischen Tradition des Buddhismus – bitte verzeiht mir diese chauvinistische Bemerkung – ist die glasklare Struktur des Weges vom Anfang bis zum Ende. Es gibt eine Art Check-Liste von Zielen, Verwirklichungen und dergleichen. Meines Erachtens ist das etwas sehr Wertvolles. Wenn man nicht mehr weiter weiß, kann man diese Struktur mit einem erfahrenen Meister erarbeiten und ihr dann Schritt für Schritt folgen.

Zum dritten ist es wichtig, *einsgerichtete Konzentration* zu entwickeln. Es ist unmöglich, die Praxis in ihrer Tiefe zu durchdringen und einen Vorgeschmack auf ihre Essenz zu erlangen, wenn unsere Konzentration keine Festigkeit und keinen Brennpunkt besitzt. Wenn wir z.B. Kontrolle über die verschiedenen Energien in unserem feinen Nervensystem erlangen möchten, können wir uns nicht mit einer vagen, ungenauen Vorstellung darüber zufriedengeben, wo sich diese Energien befinden und wie sie wirken. Wir müssen statt dessen ein möglichst genaues Verständnis entwickeln, und das gelingt uns nur mit einem konzentrierten Geist. In dieser Hinsicht unterscheidet sich das Tantra nicht von anderen Arbeitsgebieten. Menschen, die mit dem, was sie tun, Erfolg haben – sei es im Bereich akademischer Studien, im Sport oder wo auch immer – haben eines gemeinsam, sie können sich gut konzentrieren. Ohne Konzentration kommen wir nicht weit.

Wir können uns einmal folgendes Beispiel vornehmen: Es wurde immer wieder gesagt, daß wir durch die Praxis von Tantra alle von Verlangen motivierten Handlungen – selbst das Trinken von einem Glas Milch – in die Erfahrung großer beseligender Weisheit verwandeln können. Wenn unsere Konzentration stark genug ist und wir gut geschult sind, können wir genau verfolgen, was geschieht, wenn wir die Milch schmecken und schlucken. Alle dadurch entstehende Energie kann auf die Stärkung des inneren Feuers am Nabel gerichtet werden. Diese Hitze strahlt sehr viel freudvolle Energie in unser Nervensystem aus, und die ganze Erfahrung ist gefärbt vom Geschmack der offenen Weisheit der Nichtdualität. Wenn jemand weiß, was er oder sie tut, dann kann das ganz einfache Trinken von einem Glas Milch zu einer kraftvollen Methode werden, mit deren Hilfe wir mit der Wirklichkeit glückseliger Weisheit in Verbindung treten können. Es geht dabei nicht um einen bloßen Wunsch oder ein tun als ob. So etwas geschieht tatsächlich.

Für gewöhnlich sind wir nicht im Kontakt mit unserer inneren Wirklichkeit. Wenn wir z.B. etwas trinken, sind wir uns nicht unmittelbar bewußt, was in Zunge, Magen, Nervensystem oder Körper und Geist im allgemeinen geschieht. Ganz anders als der Yogi oder die Yogini, die genau wissen, was vor sich geht und die die Energien, wenn nötig, überall hin lenken können, bleiben wir dumpf und unbewußt. Statt die Erfahrung glückseliger Weisheit zu machen, sitzen wir schließlich vielleicht mit Durchfall da.

Und schließlich sollten wir, wenn wir die höchsten Verwirklichungen erlangen wollen, *unsere Praxis geheim halten.* Das mag sich vielleicht seltsam anhören, ist jedoch ein wichtiger Punkt. Der korrekte Begriff für die Praxis des Tantra ist in der Tat „geheimes Mantra". „Mantra" bedeutet hier Schutz des Geistes, und „geheim" erinnert uns daran, daß wir diese kraftvollen Methoden wie einen kostbaren Schatz für uns behalten sollen. Heutzutage befindet sich die Praxis des Tantra in einem Stadium des Niedergangs; manche Menschen, die eine bestimmte Praxis machen, brüsten sich damit: „Ich bin Tantriker! Hört, hört, was ich alles kann!" Ein solch überhebliches Auftreten in der Öffentlichkeit ist unklug; es zieht lediglich Hindernisse in der Praxis an. Es ist weit sinnvoller, nach außen Zurückhaltung an den Tag zu legen und innerlich ein großer Yogi zu sein, als nach außen eine große Show zu veranstalten, ohne innere Verwirklichung zu besitzen.

Die großen Meditierer der Vergangenheit haben die Aussage gemacht, daß wir, wenn wir diese vier Ursachen schaffen – unzerstörbare Hingabe, Freisein von Zweifeln, Einsgerichtetheit und Geheimhaltung – und angemessen und beständig praktizieren, mit Sicherheit alle die kraftvollen Errungenschaften des Weges in unsere Reichweite rücken. Der Erfahrung vieler Praktizierender zufolge können wir in unserer spirituellen Schulung einen Punkt erreichen, an dem geradezu eine Explosion von Wissen und Verwirklichung geschieht. Es scheint uns, als seien wir gerade noch ein gewöhnliches, unwissendes Wesen gewesen, und plötzlich haben wir uns in einen Yogi mit hohen Verwirklichungen verwandelt! Das ist kein religiöses Märchen aus Tibet; es geschieht tatsächlich.

Als gewöhnliche menschliche Wesen sind wir über und über mit Schleiern des Aberglaubens bedeckt. Wenn es uns gelingt, unsere erstickenden Vorstellungen loszulassen, können wir unmittelbar vorstoßen in eine unglaublich tiefgründige Dimension von Wirklichkeit. Auch wenn wir nichts Besonderes erwarten, findet diese große Explosion von Verwirklichungen statt, mühelos und von ganz alleine. Das ist ganz bestimmt möglich. Es nützt jedoch nichts, lediglich über die Erfahrungen von anderen zu lesen; wenn wir die Früchte der tantrischen Umwandlung erlangen wollen, müssen wir selbst diese Erfahrung machen.

Nachwort

Obwohl sich seine Lehrtätigkeit negativ auf den sich immer mehr verschlechternden Zustand seines Herzens auswirkte, sorgte sich Lama Yeshe bis zum Ende seines Lebens mehr um andere als um sich selbst. Selbst auf der Intensivstation erkundigte er sich stets nach dem Befinden der anderen und lachte und scherzte mit den Krankenschwestern. In den Worten von Lama Zopa: „Kurz bevor Lama Yeshe verschied, zu einem Zeitpunkt, als man eine Herzoperation in Erwägung zog, sagte er zu mir: ‚Es ist gleichgültig, ob die Operation gelingt oder nicht. Ich konnte mein Leben in den Dienst von anderen stellen. Ich bin völlig zufrieden mit dem, was ich tun konnte. Ich mache mir keine Sorgen um meinen Tod.' " Am Tag des Tibetischen Neujahrsfestes verschied Lama Yeshe; er tat seinen letzten Atemzug in der Morgendämmerung, der Stunde, in der viele große Yogis starben.

Ausdrücke wie „verscheiden" oder „gehen" sind kaum mehr als Umschreibungen, die uns helfen, die grausame Endgültigkeit des Todes etwas abzuschwächen. Hier tragen sie eine besondere Bedeutung, denn den gerade vorgestellten tantrischen Lehren zufolge bedeutet der Tod nicht die völlige Vernichtung, vor der sich viele fürchten. Er ist eher ein Stadium im Prozeß einer zunehmenden Verfeinerung des Bewußtseins, bis hin zur größtmöglichen Feinheit; dann erst verläßt der Geist den Körper. Der Körper fängt an zu verfallen, und der Geist besteht weiter und wartet auf angemessene Umstände für die nächste Verkörperung oder Inkarnation.

Wie Lama Yeshe erklärt hat, verläuft dieser Übergang von Leben zu Leben ohne Einfluß oder Wahlmöglichkeit von unserer Seite, wenn wir uns nicht genügend darauf vorbereitet haben. Man stirbt und wird wiedergeboren, in gleicher Weise von durch Unwissenheit bedingtes Greifen und Abwehr bestimmt wie im vorigen Leben. Für einen wohlvorbereiteten Bodhisattva ist die Situation eine ganz andere. Mit klarem Geist und bewußter Kontrolle kann eine solcherart von Mitgefühl motivierte Person das feine Bewußtsein des Klaren Lichtes im Todesmoment nutzen und – getragen von dem mitfühlenden Wunsch, zum Wohle aller Wesen zu wirken – sucht sich ein solches Wesen eine Wiedergeburt aus, die es ihm oder ihr weiterhin gestattet, sich in den Dienst von anderen zu stellen.

Das geschah, als Lama Yeshe starb. Er bewahrte nicht nur eine friedvolle und heitere Verfassung, ganz außergewöhnlich für jemand in einer so hinfälligen körperlichen Verfassung, sondern meisterte den Todesprozeß und die folgenden Stadien bei vollem Bewußtsein.

Eine knappe Stunde vor seinem Tod am 3. März 1984 bat Lama Yeshe Zopa Rinpoche, der die ganze Zeit bei ihm war, mit ihm die Praxis von Heruka durchzuführen. Kurz vor der Morgendämmerung hörte sein Herz auf zu schlagen, und der Interpretation der westlichen Medizin zufolge trat der Tod ein. Sein Geist hatte jedoch den Körper noch nicht verlassen, und er setzte seine Meditation ohne Unterbrechnung fort – ungeachtet der sich über zwei Stunden hinziehenden Wiederbelebungsversuche des Arztes.

Schließlich wurde er in einen anderen Raum im Krankenhaus gebracht, wo er seine äußerst feinen Meditationen in Anwesenheit von Rinpoche und vielen Schülern fortsetzte. Gegen fünf Uhr nachmittags meinte ein Schüler, daß sich Lama Yeshes Kopf leicht bewegt habe, hielt diese Beobachtung jedoch für eine Täuschung. Genau in diesem Augenblick wandte sich Rinpoche nach ihm um und sagte ruhig: „Jetzt hat Lama seine Meditation beendet." In diesem Augenblick hatte Lamas Geist seinen Körper endgültig verlassen.

Am 12. Februar 1985, knapp ein Jahr später, wurde einem spanischen Paar ein Sohn geboren. Mit den Eltern verband Lama Yeshe, seinen eigenen Worten zufolge, eine ganz besondere Beziehung. Das Paar lebte und arbeitete in Ösel Ling, einem Retreat-Zentrum, das Lama Yeshe in der Nähe von Granada, Spanien, begründet hatte. Das Kind erhielt den Namen Ösel, das heißt Klares Licht, und er wurde im Alter von vierzehn Monaten von Zopa Rinpoche und Seiner Heiligkeit, dem Dalai Lama, als die Reinkarnation von Lama Yeshe anerkannt. Zum Zeitpunkt der formellen Anerkennung erklärte der Dalai Lama, daß der junge Ösel, wenn er erst einmal sprechen könne, unfehlbare Beweise dafür liefern würde, daß er in der Tat die Reinkarnation bzw. der Tulku von Lama Yeshe ist. Seit dieser Zeit hatten viele Menschen aus aller Welt die Gelegenheit, dem kleinen Lama Ösel zu begegnen, und er hat vielen von ihnen – einschließlich solchen, die große Zweifel an Wiedergeburt hegen – bemerkenswerte Zeichen gegeben; so hat er z.B. Menschen und Orte aus seinem früheren Leben wiedererkannt. Lama Ösel wurde am 17.März 1987 unter großer Beteiligung der Medien in Dharamsala, in Indien, feierlich als Inkarnation von Lama Thubten Yeshe inthronisiert.

Mit seiner schnellen Rückkehr, auf dringende Bitten und Gebete seiner früheren Schüler hin, erfüllte Lama Yeshe sein Versprechen, weiterhin zum Wohle von anderen zu wirken. Nicht nur dadurch, sondern auch durch die Umstände seines Todes und seiner Wiederkehr hat er auf sehr eindrucksvolle Art und Weise die Gültigkeit und Kraft der Lehren unter Beweis gestellt, in die dieses Buch einführen will. Mögen alle, die daran Interesse haben, sich an den Lehren der tantrischen Umwandlung erfreuen und ihren Nutzen erfahren, möge Lama Ösel lange leben und fruchtbar wirken, so daß er anderen Wesen Hilfe und Anregung schenken kann, und mögen alle Wesen glücklich sein.

Glossar

Avalokiteshvara (Skt.; Tib. Chenresig) Männliche Meditationsgottheit, die Verkörperung von völlig erleuchtetem Mitgefühl.

bardo (Tib.) Der Zwischenzustand zwischen Tod und Geburt.

bindu (Skt.) siehe Tropfen.

bodhicitta (Skt.) Die mitfühlende Haltung eines *bodhisattva*; der Wunsch, Erleuchtung zum Wohle aller zu erlangen; ein völlig offenes und hingebungsvolles Herz.

bodhisattva (Skt.) Eine Person, deren spirituelle Übung auf das Erlangen von Erleuchtung ausgerichtet ist; eine Person, die die mitfühlende Haltung des Bodhicitta besitzt.

Buddha siehe Shakyamuni Buddha.

buddha (Skt.) Ein völlig erleuchtetes Wesen, ein Wesen, das alle Verdunkelungen des Geistes beseitigt und alle guten Eigenschaften bis zur Vollendung entwickelt hat; das erste der Drei Zufluchtsjuwelen.

Buddhaschaft siehe Erleuchtung.

chakra (Skt.) Energierad; ein Brennpunkt von Energie im Hauptkanal, auf den die Aufmerksamkeit ausgerichtet wird, v.a. im Zusammenhang mit den Übungen der Vollendungsstufe des Höchsten Yoga-Tantra.

daka (Skt.) Wörtlich übersetzt himmlisches Wesen *(Tib. kadro)*; ein männliches Wesen, das einem bzw. einer befähigten Praktizierenden des Tantra bei der Erzeugung glückseliger Energien hilft.

dakini (Skt.) Wörtlich übersetzt ein weibliches himmlisches Wesen *(Tib. ka-dro-ma)*; ein weibliches Wesen, das einem befähigten Praktizierenden des Tantra bei der Erzeugung glückseliger Energien hilft.

Dalai Lama Der zeitliche und spirituelle Führer von Tibet, der als menschliche Verkörperung von Avalokiteshvara, des Buddha des Mitgefühls, betrachtet wird; der derzeitige Dalai Lama, Tenzin Gyatso, wurde 1935 geboren und ist die vierzehnte Inkarnation dieser Linie.

Daseinskreislauf siehe *samsara.*

dharma (Skt.) Spirituelle Lehren; wörtlich übersetzt: das, was uns vom Leiden bewahrt; das zweite der Drei Zufluchtsjuwelen.

dharmakaya (Skt.) siehe Wahrheitskörper.

Drei Hauptaspekte des Weges Die Hauptlehren des Sutra-Pfades zur Erleuchtung; vgl. Entsagung, Bodhicitta und Leerheit.

Drei Körper eines Buddha (Skt. trikaya) Der unbehinderte Geist *(dharmakaya)* eines Erleuchteten, seine Erscheinungsform für verwirklichte Bodhisattvas *(sambhogakaya)* und seine Erscheinungsform für gewöhnliche Wesen *(nirmanakaya);* vgl. Wahrheitskörper, Körper der Freude und Erscheinungskörper.

Drei Zufluchtsjuwelen Buddha, Dharma und Sangha.

dualistische Sicht Eine aus Unwissenheit geborene Sichtweise, die den unerleuchteten Geist kennzeichnet. Sie nimmt alle Dinge als aus sich selbst heraus bestehend an; für eine solche Sicht ist die Erscheinung eines Gegenstandes mit der falschen Vorstellung vermischt, daß er unabhängig und aus sich selbst heraus existiert. Dies führt zu weiteren dualistischen Ansichten in Bezug auf Subjekt und Objekt, selbst und andere, dies und das usw.

eingeborener Geist Der äußerst feine Geist, der im Herz-Chakra wohnt und dessen Kontinuum zusammen mit der es unterstützenden Wind-Energie von Leben zu Leben wandert.

Einsichtsmeditation (Skt. vispashyana, Pali vispassana) Ein Erforschen und Vertrautwerden mit der Art und Weise, wie die Dinge tatsächlich existieren; sie wird auf dem Weg zur Entwicklung der Weisheit der Leerheit geübt.

Energierad siehe *chakra*

Energiewind (Skt. prana) Bestandteil des Vajra-Körpers; die Energie, auf der die verschiedenen Arten von groben und feinen Bewußtseinsformen „reiten".

Entsagung (Tib. nge-jung) Die Haltung, aus der heraus man die Leiden von *samsara* und ihre Ursachen hinter sich lassen und statt dessen den Frieden des *nirvana* oder die volle Erleuchtung, die Buddhaschaft, erlangen möchte; der allgemein gebräuchliche Begriff Entsagung wird hier im Text in Anlehnung an die genaue Bedeutung des tibetischen Begriffes auch mit „Auftauchen" oder „mit Bestimmtheit heraustreten" (Engl. *definite emergence)* übersetzt.

Erleuchtung (Skt. bodhi) Volles Erwachen; Buddhaschaft; das letztendliche Ziel aller buddhistischen Praxis; sie wird erlangt, wenn alle Begrenzungen des Geistes beseitigt und alle positiven Fähigkeiten entfalten wurden; ein Zustand, der von grenzenlosem Mitgefühl und Geschick und grenzenloser Weisheit gekennzeichnet ist.

Ermächtigung (Tib. wang) Kraft-Übertragung durch einen befähigten tantrischen Meister, die dem Schüler gestattet, sich mit der Praxis einer bestimmten Meditationsgottheit zu befassen, häufig auch als Einweihung bezeichnet.

Erscheinungskörper (Skt. nirmanakaya; Tib. tul-ku) Form, die ein erleuchteter Geist zum Wohle der Wesen annimmt; vgl. drei Körper eines Buddha.

Erwachen Erleuchtung; der Zustand, in dem sich ein erleuchtetes Wesen befindet, das aufgewacht ist aus dem Schlaf der Unwissenheit.

Erzeugungsstufe (Tib. kye-rim) Die erste der beiden Stufen des Höchsten Yoga-Tantra, bei der man klare Erscheinung und göttlichen Stolz auf die gewählte Meditationsgottheit einübt.

Fahrzeug (Skt. yana) Das Mittel, mit Hilfe dessen der oder die Praktizierende auf dem Weg zum gewünschten spirituellen Ziel angeleitet wird; vgl. *sutrayana* und *tantrayana.*

Geheimes Mantra Die tantrischen Lehren des Buddha; vgl. *tantrayana.*

Gleichmut Eine in Bezug auf alle Wesen ausgeglichene Geisteshaltung; er entsteht durch die Überwindung der eingefahrenen Gewohnheit, alle Wesen entweder als Freunde, Feinde oder Fremde zu klassifizieren; er ist notwendig als

Grundlage für das Erzeugen der mitfühlenden Bodhicitta-Motivation.

Gottheiten-Yoga Tantrische Praxis, mit der wir uns in der Form einer Meditationsgottheit in einer gereinigten Umgebung erzeugen.

guru (Skt,; Tib. la-ma) Ein spiritueller Meister oder Lehrer; jemand der dem Schüler den Weg zur Befreiung und Erleuchtungs zeigt; im Tantra sieht man den Lehrer als untrennbar eins mit der Meditationsgottheit und den Drei Zufluchtsjuwelen.

guru-yoga (Skt.) Die grundlegende Praxis des Tantra, bei der man den eigenen Guru als wesensgleich mit den Buddhas, der eigenen Meditationsgottheit und dem grundlegenden Wesen des eigenen Geistes erkennt.

hatha-yoga (Skt.) Körperübungen, die dazu beitragen, die Geschmeidigkeit des Körpers zu stärken; dadurch werden Blockierungen aufgelöst, die den angemessenen Fluß der Energiewinde behindern; gehört zu bestimmten Übungen im Zusammenhang mit dem Vajra-Körper.

Hauptkanal (Skt. avadhuti, shushumma; Tib. tsa u-ma) Der hauptsächliche Energiekanal des Vajra-Körpers; er wird als hohle Lichtröhre vor der Wirbelsäule vorgestellt.

Heruka-Chakrasamvara (Skt. Tib. kor-lo dem-chog) Männliche Meditationsgottheit des Höchsten Yoga-Tantra.

Höchstes Yoga-Tantra (Skt. anuttara-yoga-tantra) Die vierte und höchste Klasse tantrischer Übungen, die aus Erzeugungs- und Vollendungsstufen besteht und mit deren Hilfe Praktizierende in einem Leben Erleuchtung erlangen können.

Ichsucht (Skt. atmagraha, Tib. dag-dzin) Der aus Unwissenheit geborene Zwang, die eigene Persönlichkeit oder das Ich als beständig, aus sich selbst heraus existierend und unabhängig von allen anderen Phänomenen wahrzunehmen.

Illusionskörper (Skt. mayakaya; Tib. gyu-lu) Eine feine körperliche Form, die durch die Praxis der Vollendungsstufe des Höchsten Yoga-Tantra erzeugt wird.

Inneres Feuer (Tib. tum-mo) Eine Energie im Nabel-Chakra, die in der Vollendungsstufe des Höchsten Yoga-Tantra erweckt wird und mit deren Hilfe man die Energie-Winde in den Hauptkanal bringen kann; auch Innere Hitze oder Psychische Hitze genannt.

Kalachakra (Skt.; Tib. du-kor) Wörtlich: Rad der Zeit; eine männliche Meditationsgottheit des Höchsten Yoga-Tantra; die Praxis umfaßt Unterweisungen in Medizin, Astronomie u. dgl. und den Weg zur Erleuchtung.

Kanäle (Skt. nadi) Ein Bestandteil des Vajra-Körpers, durch den Energiewinde und -tropfen fließen.

karma (Skt.) Handlung: der Zusammenhang von Ursache und Wirkung, wobei positive Handlungen Glück und negative Leid bringen.

kaya (Skt.) siehe: Drei Körper eines Buddha.

Keimsilbe Eine Sanskrit-Silbe, die in tantrischen Visualisierungen aus der Leere entsteht und aus der dann wiederum die Meditationsgottheit ersteht.

Klare Erscheinung Die Visualisierung von einem selbst und seiner Umgebung in der gereinigten Form einer Meditationsgottheit und des Mandala; vgl. a. Erzeugungsstufe.

Klares Licht (Tib. ö-sel) Der allerfeinste Geisteszustand, den man erreicht, wenn man alle Energiewinde im Hauptkanal aufgelöst hat, wie das im Todesprozeß und der Vollendungsstufe des Höchsten Yoga-Tantra geschieht.

Konzentration Die Fähigkeit, den Geist auf jeden beliebigen Meditationsgegenstand auszurichten und ihn dabei verweilen zu lassen.

Körper der Freude (Skt. sambhogakaya) Eine Form, die der erleuchtete Geist zum Wohle von Bodhisattvas mit hohen Verwirklichungen annimmt; vgl. drei Körper eines Buddha.

kundalini (Skt.) Glückselige Energie, die im physischen Körper schlummert; sie wird durch tantrische Übungen erweckt und eingesetzt für das Erlangen durchdringender Einsicht in das wahre Wesen der Wirklichkeit.

lama (Tib.; Skt. guru) Ein spiritueller Meister oder Lehrer in den buddhistischen Traditionen Tibets; vgl. *guru.*

Leerheit (Skt. shunyata) Die Abwesenheit alle falschen Vorstellungen darüber, wie die Dinge existieren; insbesondere das Fehlen der scheinbar unabhängigen Selbst-Existenz der Phänomene.

Leerheits-Yoga Im buddhistischen Tantra wird damit die Praxis der Auflösung aller gewöhnlichen Erscheinungen in Leerheit bezeichnet; eine Voraussetzung dafür, in der gereinigten Form einer Meditationsgottheit zu erstehen.

madhyamika (Skt.) Der Mittlere Weg; ein System der Analyse, das von Nagarjuna, auf der Grundlage der Sutras der Vollendung der Weisheit von Shakyamuni Buddha, entwickelt wurde; es wird als die erhabenste Darlegung der Weisheit der Leerheit betrachtet; vgl. Mittlerer Weg.

mahamudra (Skt.) Das große Siegel; ein tiefgründiges Meditationssystem, das sich auf den Geist und das letztendliche Wesen der Wirklichkeit ausrichtet.

mahasiddha (Skt.) Ein hochverwirklichter tantrischer Praktizierender.

mandala (Skt.) Ein kreisförmiges Schaubild, Symbol des ganzen Weltalls; die Wohnstätte einer Meditationsgottheit, die als Ausstrahlung der Weisheit dieser Gottheit angesehen wird; im übertragenen Sinn die persönliche Umgebung, gesehen als Widerspiegelung des eigenen Geistes.

Manjushri (Skt.; Tib. Jam-pel-yang) Eine männliche Meditationsgottheit, die die völlig erleuchtete Weisheit verkörpert.

mantra (Skt.) Wörtlich: Schutz des Geistes; Sanskrit-Silben, die in Verbindung mit der Praxis einer bestimmten Meditationsgottheit rezitiert werden und die Eigenschaften dieser Gottheit in sich tragen.

Marpa (1012 - 1096) Begründer der Kagyu-Tradition des Tibetischen Buddhismus; ein berühmter tantrischer Meister und Übersetzer; ein Schüler des Naropa und Guru von Milarepa.

Meditation Der Vorgang, in dem wir uns immer mehr mit heilsamen Geisteszuständen vertraut machen und zwar durch die Praxis analytischer Untersuchungen und einsgerichteter Konzentration.

Meditationsgottheit (Tib. yi-dam) Eine männliche oder weibliche Figur, die für einen bestimmten Aspekt der völlig erleuchteten Erfahrung steht und die als Brennpunkt unserer Konzentration und Identifikation im Tantra dient.

Milarepa (1040-1123) Berühmtester Schüler von Marpa, bekannt für seine intensive Praxis, seine Hingabe an den Guru, sein Erlangen der Erleuchtung und seine vielen Gesänge über spirituelle Verwirklichungen.

Mitgefühl (Skt. karuna) Der Wunsch, daß alle Wesen frei von geistigem und körperlichem Leid sein mögen, eine Voraussetzung für das Erlangen von Bodhicitta; es wird durch Avalokiteshvara symbolisiert.

Mittlerer Weg Die Sicht, die in Buddha Shakyamunis Sutras der Vollendung der Weisheit dargelegt und von Nagarjuna erläutert wird, daß alle Phänomene in Abhängigkeit entstehen. Dadurch wird das Extrem von Selbstexistenz und Nichtexistenz, von Ewigkeitsdenken (Eternalismus) und Nihilismus vermieden; vgl. *madhyamika.*

Nagarjuna Indischer Mahasiddha, der die Sutras der Vollendung der Weisheit von Shakyamuni Buddha kommentierte und die philosophische Schule des Madhyamika begründete.

Nalanda Klosteruniversität in Nordindien; die meisten der nach Tibet überlieferten tantrischen Schulen stammen aus Nalanda.

Naropa Indischer Mahasiddha aus dem elften Jahrhundert, der viele tantrische Überlieferungslinien weitergab, einschließlich des Heruka- und Vajrayogini-Tantra; ein Schüler des Tilopa und Guru von Marpa.

nichtduale Weisheit Das Verständnis der Art und Weise, wie die Dinge tatsächlich existieren, frei von allen dualistischen Vorstellungen; häufig als Synonym für die Weisheit von Leerheit gebraucht.

nirmanakaya (Skt.) siehe Erscheinungskörper

nirvana (Skt.) Der Zustand vollständiger Befreiung von

Samsara, das Ziel der Praktizierenden, die Freiheit vom Leiden anstreben; „gewöhnliches Nirvana“ bezieht sich auf diesen Zustand der Befreiung von einem selbst, während „höheres Nirvana“ die erhabene Verwirklichung der vollen Erleuchtung der Buddhaschaft bezeichnet.

Panchen Lama (1570-1662) Der Erste Panchen Lama, einer der Gurus des Fünften Dalai Lama, war der Autor vieler Lehren von Sutra und Tantra, einschließlich der „Gaben an den spirituellen Meister“ und der Mahamudra-Schrift: „Der Hauptweg der Siegreichen“.

prana (Skt.) siehe Energie-Winde.

Reines Land Ein Seinszustand außerhalb von Samsara, in dem alle Bedingungen dem Erlangen der Erleuchtung förderlich sind.

sadhana (Skt.) Die in Schritte aufgegliederte Anweisung für eine Meditationspraxis im Zusammenhang mit einer bestimmten Meditationsgottheit.

samadhi (Skt.) Ein Zustand tiefer meditativer Sammlung; die einsgerichtete Konzentration auf das eigentliche Wesen der Dinge, frei von allen diskursiven Gedanken und dualistischen Vorstellungen.

sambhogakaya (Skt.) siehe Körper der Freude

samsara Daseinskreislauf; der immer wiederkehrende leidvollen Kreislauf von Tod und Wiedergeburt unter der Kontrolle von Unwissenheit.

sangha (Skt.) Spirituelle Gemeinschaft; das dritte der Drei Zufluchtjuwelen.

Sechs Yogas des Naropa Lehren, die v.a. von den Übungen der Vollendungsstufen des Höchsten Yoga-Tantra handeln.

Selbstexistenz Die falsche Vorstellung, daß die Dinge unabhängig und von ihrer eigenen Seite her existieren, während sie in Wirklichkeit abhängig von Ursachen, Bedingungen, Teilen und dem Vorgang des begrifflichen Benennens sind; die Weisheit der Leerheit ist das Verständnis, daß allen Dingen auch das allerkleinste Atom von Selbstexistenz fehlt, bzw. sie leer davon sind.

Selbstsucht Die egozentrische Haltung, mit der man sein eigenes Glück für wichtiger hält als das aller anderen; das Haupthindernis, das es auf dem Weg zur Entwicklung von Bodhicitta zu überwinden gilt.

Seligkeit Ein Gefühl außergewöhnlicher Freude; im Höchsten Yoga-Tantra richtet sich der allerfeinste Geist des Klaren Lichtes, der große Seligkeit erfährt, auf Leerheit aus.

Shakyamuni Buddha (563–483 v. Chr.) Der vierte der tausend Haupt-Buddhas dieses Weltzeitalters; als Prinz in der Sippe der Shakyas in Nordindien geboren, lehrte er den Weg des Sutra und Tantra zur Befreiung und zur vollen Erleuchtung; er ist der Begründer der Lehre, die später dann Buddhismus genannt wurde.

shunyata (Skt.) siehe Leerheit.

Stufenweg (Tib. lam-rim) Die Darlegung der Lehren von Shakyamuni Buddha in einer Form, die eine schrittweise Schulung gestattet.

sutra (Skt.) Eine Lehrrede von Shakyamuni Buddha; die vortantrische Abteilung der buddhistischen Lehren, die die Entwicklung von Bodhicitta und die Übung der Sechs Vollkommenheiten betont: Großzügigkeit, Disziplin, Geduld, Ausdauer, meditative Sammlung und Weisheit.

Sutras der Vollendung der Weisheit (Skt. Prajnaparamita-Sutra) Die Lehren von Shakyamuni Buddha, in denen die Weisheit der Leerheit und der Bodhisattva-Weg dargelegt wird.

sutrayana (Skt.) Das vortantrische Fahrzeug des Buddhismus, das im Zeitraum von drei unermeßlich großen Äonen durch die Praxis der sechs Vollkommenheiten zum Erlangen der vollen Erleuchtung führt; aus diesem Grund auch Vollkommenheitsfahrzeug genannt (Skt. *paramitayana).*

tantra (Skt.) Wörtlich: Faden oder Kontinuität; die Schriften der geheimen Mantra-Lehren des Buddhismus; häufig auch als Bezeichnung dieser Lehren selbst gebraucht.

Tara (Skt.; Tib. dröl-ma) Weibliche Meditationsgottheit, die das erleuchtete Verhalten verkörpert; auch Mutter aller Buddhas der Vergangenheit, Gegenwart und Zukunft genannt.

tantrayana (Skt.) Das Fahrzeug des Buddhismus, das nach dem Sutra-Fahrzeug entstand; es führt Schüler in einem Leben zur vollen Erleuchtung; aus diesem Grunde auch blitzschnelles Fahrzeug genannt; auch als *vajrayana* oder *mantrayana* bezeichnet.

tantrischer Meister Ein Guru, der Ermächtigungen geben und die Schüler auf dem tantrischen Weg zur Erleuchtung anleiten kann.

Tilopa Mahasiddha aus dem zehnten Jahrhundert und Guru von Naropa.

Tod Die Trennung des Geistes vom Körper am Ende eines Lebens.

Totalität Ganzheit; der Zustand, in dem alle Beschränkungen für die völlige Entfaltung und den umfassenden Ausdruck der inneren Fähigkeit beseitigt sind; Lama Yeshes untraditionelles Synonym für Erleuchtung oder Buddhaschaft.

Tropfen (Skt. bindu) Ein Bestandteil des Vajrakörpers, der zur Erzeugung von großer Seligkeit beiträgt; es gibt zwei Arten von Tropfen, die roten haben wir bei der Empfängnis von der Mutter und die weißen vom Vater erhalten.

tum-mo (Tib.) siehe inneres Feuer

Unwissenheit (Skt. avidya; Tib. ma-rig-pa) Der verkehrte Glaube daran, daß Dinge unabhängig und aus sich selbst heraus existieren; eine Verblendung – Wurzel von Samsara und Quelle aller Leiden –, die durch die Weisheit, die Leerheit versteht, beseitigt wird.

Vajradhara (Skt.; Tib. dor-je-chang) Männliche Meditationsgottheit; die Form, in der Shakyamuni Buddha die Lehren des geheimen Mantra weitergibt.

Vajra-Körper Das System von Kanälen, Energie-Winden und Tropfen im gewöhnlichen Körper eines Menschen, das durch die Praxis des Höchsten Yoga-Tantra aktiviert wird und zur Entstehung eines äußerst feinen und glückseligen Geisteszustandes führt (vgl. Klares Licht); dadurch wird eine durchdringende Weisheit erzeugt, die den Geist von allen Verblendungen befreien kann.

Vajrasattva (Skt. Tib. dor-je-sem-pa) Männliche Meditationsgottheit, hauptsächliche Reinigungspraxis des Tantra zur Beseitigung von Hindernissen, die durch negatives Karma und Bruch von Gelübden entstanden sind; vgl. Vorbereitende Übungen.

Vajrayogini (Skt. Tib. dor-je-nal-jor-ma) Weibliche Meditationsgottheit in Verbindung mit Heruka Chakrasamvara.

Verblendung (Skt. klesha; Tib. nyon-mong) Eine Verdunkelung des im Kern reinen Wesens des Geistes; sie ist Ursache für Leid und Unzufriedenheit; die hauptsächliche Verblendung ist Unwissenheit, woraus dann begehrliches Verlangen, Eifersucht und alle weiteren Verblendungen entstehen.

Vier Edle Wahrheiten Der Inhalt der ersten Lehrrede oder Sutra des Buddha; (1) Leiden, (2) seine Ursache, (3) das Aufhören von Leiden und (4) der Weg, der zum Aufhören von Leiden führt.

Vier Klassen des Tantra Die Einteilung des Tantra in *kriya* (Handlung), *charya* (Durchführung), *yoga* und *annuttarayoga* (Höchstes Yoga).

Visualisierung Der Gebrauch kreativer Imagination in der Meditation, so z.B. die Erzeugung von einem selbst als eine bestimmte Meditationsgottheit; Visualisierung bezieht sich nicht nur auf das visuelle Vermögen, sondern schließt alle imaginativen Fähigkeiten ein.

Vollendungsstufe (Tib. dzog-rim) Die zweite der zwei Stufen des Höchsten Yoga-Tantra, auf der man mit Hilfe von Übungen wie der Praxis des Inneren Feuers Kontrolle über den Vajra-Körper erlangt.

Vorbereitende Übungen (Tib. ngön-dro) Meditationen, die den Schülern helfen, Hindernisse zu beseitigen und Verdienste anzusammeln, um so den Weg für eine erfolgreiche Praxis des Tantra zu bahnen.

Wahrheitskörper (Skt. dharmakaya) Der Geist eines völlig erleuchteten Wesens, frei von allen Schleiern, in meditativer Sammlung, ausgerichtet auf Leerheit, bei gleichzeitiger Erfassung aller Dinge; vgl. Drei Körper eines Buddha.

Weisheit (Skt. prajna; Tib. she-rab) Das fehlerfreie Verstehen der Dinge; insbesondere die Einsicht in Leerheit; die Art und Weise, wie die Dinge tatsächlich existieren; das Gegenmittel für Unwissenheit; symbolisiert von Manjushri.

Wiedergeburt Der Eintritt des Bewußtseins in einen neuen Daseinszustand nach dem Tod und – dies gilt nur in einigen Fällen – dem Zwischenzustand; Ziel tantrischer Praxis ist es, diesen Vorgang von der Herrschaft von Verblendung zu befreien.

yidam (Tib.) siehe Meditationsgottheit

yoga (Skt.) Die spirituelle Übung, mit der wir uns verbinden (vgl. das englische „to yoke“ und das deutsche „Joch“), wenn wir die volle Integration von Körper und Geist erlangen wollen.

yogi (Skt.) Ein männlicher Praktizierender des Yoga; ein Meister des Tantra.

yogini (Skt.) Eine weibliche Praktizierende des Yoga; eine tantrische Meisterin.

Zufluchtnahme Den Geist auf etwas ausrichten, was einen gültigen Schutz vor den Leiden des Samsara bietet; im Buddhismus bedeutet das, sich den drei Juwelen von Buddha, Dharma und Sangha anzuvertrauen.

Zwischenzustand siehe *bardo*.

Vorschläge für weitere Lektüre

Allione, Tsultrim, *Women of Wisdom*, London, Routledge and Kegan Paul, 1984. Dt.: *Tibets weise Frauen.* München, Dianus-Trikont, 1986. Enthält inspirierende Lebensbeschreibungen von sechs tibetischen Yoginis, einschließlich der Geschichte von Machig Labdrön, die die weit verbreitete Praxis des Chöd begründete.

Arguelles, Jose and Miriam. *Mandala.* Berkeley, Shambala, 1972. Dt.: *Das Große Mandala Buch,* Aurum, 1975. Eine reich bebilderte Darlegung des Mandala-Prinzips in verschiedenen Kulturen.

Batchelor, Stephen. *The Jewel in the Lotus: A Guide to the Buddhist Traditions of Tibet.* London, Wisdom, 1987. Eine bodenständige Einführung in den Tibetischen Buddhismus mit ausgewählten Lehrdarlegungen der Nyingma-, Kadam, Kagyu-, Sakya- und Gelug-Tradition.

Beyer, Stephan. *The Cult of Tara: Magic and Ritual in Tibet.* Berkeley and Los Angeles, 1973. Eine ausführliche Sammlung von Praxisanweisungen und Gebeten des Tara-Tantra.

Blofeld, John. *Mantra: Sacred Words of Power.* Mandala, 1977. Neben einem Überblick über Sinn und Methoden von Tantra v.a. eine Darlegung der Wirkung von Mantras und Visualisierungen im Hinblick auf das Erlangen vertiefter Bewußtseinszustände.

-The Way of Power: A Practical Guide to the Tantric Mysticism of Tibet. London, Allen und Unwin, 1970.

-Bodhisattva of Compassion: The Mystical Tradition of Kwan Yin. Boston and London, Shambala, 1978. Eine Beschreibung der Gottheit des Mitgefühls (in Tibet als männliche Gottheit, Avalokiteshvara, und in China als weibliche Gottheit, Kwan Yin, angesehen) in ihrer Beziehung zu den bekannten Gottheiten in China. Vgl.auch: Dalai Lama. *Aryasura's Aspiration and a Meditation of Compassion.* Dharamsala, Library of Tibetan Works and

Archives, 1979.

Cozort, Daniel. *Highest Yoga Tantra.* New York, Snow Lion, 1986. Eine klare Darlegung des Zusammenhanges von Sutra und Tantra, der Übungen von Erzeugungs- und Vollendungsstufe des Höchsten Yoga-Tantra einschließlich eines Vergleiches der Vollendungsstufen von Kalachakra und Guhyasamaja.

Douglas, K. and Bays, G. (transl.) *The Life and Liberation of Padmasambhava by Yeshe Tsogyal.* Berkeley, Dharma, 1979. Ein anregender Bericht über das Leben des großen indischen Mahasiddha, der die Lehren des buddhistischen Tantra in Tibet einführte.

Dowman, Keith. *Sky Dancer: The Secret Life and Songs of the Lady Yeshe Tsogyal.* London, Routledge and Kegan Paul, 1984. Ein außergewöhnlich anregender Bericht über das Leben einer der berühmtesten Yoginis von Tibet.

Dudjom Rinpoche, His Holiness. *The History and Fundamentals of the Nyingma School.* London, Wisdom, 1988. Das grundlegende Werk über die älteste Tradition des Tibetischen Buddhismus, verfaßt von ihrem Oberhaupt, einem Yogi und Gelehrten, der Anfang 1987 starb.

Govinda, Lama Anagarika. *Foundations of Tibetan Mysticism:* According to the Exoteric Teachings of the Great Mantra OM MANI PADME HUM. London, Rider, 1969. Dt. *Grundlagen der Tibetischen Mystik,* Fischer Taschenbuch 1975. Eine anspruchsvolle und ausführliche Darlegung jeder Silbe des Mantra von Avalokiteshvara in Bezug auf Theman wie das Innere Feuer, die Drei Körper, Kundalini-Yoga und dergleichen.

Guenther, H. V. *The Life and Teachings of Naropa.* Oxford University Press, 1963. Eine klassische Biographie dieses indischen Mahasiddha, über den viele Überlieferungslinien des Tantra nach Tibet gelangten. Vgl. dazu auch: Garma C. Chang. *Six Yogas of Naropa.* New York, Snow Lion, 1986.

Gyatso, Tenzin, the Dalai Lama and Hopkins, Jeffrey. *The Kalachakra Tantra:* Rite of Initation. London, Wisdom, 1985. Eine ausführliche Darlegung des Einweihungsrituals im Zusammenhang mit der Entwicklungsstufe des Kalachakra Tantra, verfaßt von S.H., dem Dalai Lama, einem der führenden Vertreter dieses Tantras, und eine Übersetzung des eigentlichen Rituals. Mit einer äußerst nützlichen Einführung in die Praxis des Tantra durch seinen Übersetzer Jeffrey Hopkins. In diesem Zusammenhang sei auch auf drei weitere Titel hingewiesen: Geshe Ngawang Dhargyey. *Kalachakra Tantra*. LTWA, 1985. Geshe Sopa et alia. *Wheel of Time*. Deer Park, 1985. Bernbaum. *The Way to Shambala*. Doubleday, 1980.

-*Kindness, Clarity and Insight*. New York, Snow Lion, 1984. Dt. *Logik der Liebe*. München, Trikont, 1986. Eine Sammlung von Vorträgen, die der Dalai Lama in Amerika hielt, mit Aussagen über Liebe, Mitgefühl und Nächstenliebe, zur Klarheit des Geistes, zur Entwicklug von Weisheit und dem Engagement in der Gesellschaft. Im weiteren erläutert er die tibetisch-buddhistische Auffassung vom Sterben, das Mantra des Mitgefühls und die grundlegende Übereinstimmung zwischen alten und neuen Schulen in Tibet, insbesondere der Nyingmas und Gelugs, in Bezug auf ihr gemeinsames Ziel, die Manifestation des eingeborenen Geistes des Klaren Lichtes, auch wenn sie sich bei ihrer Praxis unterschiedlicher Methoden bedienen.

Hopkins, Jeffrey. *Tantric Distinction*. London, Wisdom, 1984. Dt.: *Der Tibetische Buddhismus - Sutra und Tantra*. Arnstorf, Diamant, 1988. Eine Darlegung des buddhistischen Weges, einschließlich einer äußerst klaren Darlegung der vier Schulen der buddhistischen Philosophie: Vaibhashika, Sautrantika, Cittamatra und Madhyamika.

Huxley, Aldous. *The Perennial Philosophy*. Ein meisterlich gestaltete Anthologie, die aus dem reichen Schatz der Weltliteratur schöpft und aufzeigt, daß die mystischen Erfahrungen von Transzendenz zwar unterschiedlich ausgedrückt, jedoch von allen Meistern der großen spirituellen Traditionen geteilt werden.

Lati Rinpoche and Hopkins, Jeffrey (Transl.). *Death, Intermediate State and Rebirth in Tibetan Buddhism*. London,

Rider, 1979. Dt.: *Sufen zur Unsterblichkeit,* Köln. Diederichs, 1983. Gelbe Reihe. Eine genaue Beschreibung des Vorgangs, der einem Leben ein Ende setzt und den Anfang eines neuen Lebens darstellt. Dies ist von großer Bedeutung für das Verständnis des tantrischen Umwandlungsprozesses.

Lhalungpa, L.H.. *The Life of Milarepa.* Granada, 1979. Reich bebilderte Lebensbeschreibung des berühmtesten Dichters und Mystikers aus Tibet. Vgl. auch: Evans-Wentz. *Tibet's Great Yogi Milarepa.* Oxford University Press, 1928.Dt.: *Tibets Großer Yogi.* Bern, Barth, 1985. Garma C. Chang. *The Hundred Thousand Songs of Milarepa.* Berkeley, Shambala, 1977. Lama Kunga Rinchen and Catillo. *Drinking the Mountain Stream.* Lotsawa, 1978.

Mc Donald, Kathleen. *How to Meditate: A Practical Guide,* London, Wisdom, 1984. Dt.: *Wege zur Meditation.* München, Diamant, 1996. Eine ausgezeichnete Einführung in buddhistische Meditation, einschließlich einiger Visualisierungsübungen mit Shakyamuni Buddha und tantrischen Gottheiten wie Tara und Avalokiteshvara.

Mullin, Glenn. *Death and Dying: The Tibetan Tradition.* London, Routledge and Kegan Paul, 1986. Dt.: *Schwelle zum Tod.* Köln, Diederich, 1987

Norbu, Namkhai. *The Crystal and the Way of Light: Sutra, Tantra und Dzogchen.* London, Routledge und Kegan Paul, 1986. Dt.: Der Kristallweg, Diederichs 1989. Lebensbeschreibung eines berühmten modernen Meisters des Dzogchen oder der Großen Vollendung, mit tiefgründigen Beschreibung des Weges, wie hochverwirklichte Gurus Einsicht im Geist ihrer Schüler wecken.

Norbu, Trinley. *Magic Dance: The Display of Self Nature of the Five Wisdom Dakinis.* Jewel, 1981. Eine faszinierende Darlegung des Dakini-Prinzips im Zusammenhang mit der Manifestation aller Phänomene.

Rabten, Geshe. *The Preliminary Practices.* Dharamsala, LTWA, 1974. Eine Beschreibung der Übungen, die Grundlage einer erfolgreichen Praxis des Tantra bilden, wie z.B.

der Reinigungspraxis von Vajrasattva und der Darbringung des Mandala u.v.m. Vgl. auch: *Mahayana Purifications,* LTWA, 1980 und *Torch of Certainty,* Shambala, *1977*

Sangpo, Khetsun, Rinpoche. *Tantric Practice in Nyingma.* New York, Snow Lion, 1986. Dt.: *Die Praxis des Tantra.* Diederichs, 1988. Erläutert die äußeren und inneren vorbereitenden Übungen, gibt eine knappe Darstellung der Großen Vollendung und bringt im Anschluß Rezitationen und Meditationen für die tägliche Praxis.

The Life of Marpa the Translator. Nalanda Translation Commitee under the direction of Chogyam Trungpa. Prajna, 1982. Eine anregende Lebensbeschreibung des Begründers der Kagyu-Tradition.

Thurman, Robert (ed.). *Life an Teachings of Tsongkhapa.* LTWA, 1982. Enthält viele bedeutende und anregende Werke über und von dem großen tibetischen Meister des Sutra und Tantra aus dem vierzehnten Jahrhundert, der die Gelug-Schule begründete.

Trungpa, Chogyam. *Journey Without Goal: The Tantric Wisdom of Buddha.* Prajna, 1981. Dt.: *Feuer trinken, Erde atmen.* Köln, Diederichs, 1982. Ein tibetischer Lama mit einer außergewöhnlichen Fähigkeit, die Erfahrungen westlicher Schüler unmittelbar anzusprechen, legt Tantra frei von aller mystischen Verbrämung dar.

Tsongkhapa and Hopkins, Jeffrey (trans.) *Tantra in Tibet: The Great Exposition of Secret Mantra.* London, Allen and Unwin, 1977. Dt.: *Tantra in Tibet:* Das Geheime Mantra des Tsongkhapa. Köln, Diederichs, 1983. Der erste Teil der Übersetzung dieser grundlegenden tantrischen Schrift, mit einem Kommentar S.H. des Dalai Lama. Der nächste Teil erschien in *The Yoga of Tibet.*

Wallace, Alan (trans. and ed.). *The Life and Teaching of Geshe Rabten.* London, Allen and Unwin, 1980 and London, Wisdom, 1988. Dt.: *Mönch in Tibet: Leben und Lehren des Meditationsmeisters Geshe Rabten.* Hamburg, Papyrus, 1986. Ein authentischer und inspirierender Bericht über die klösterliche Ausbildung in Philosophie und Meditation in Tibet von einem der geachtetsten Lamas im Westen, der 1986 in der Schweiz verstarb. Geshe Rabten, einer der Hauptlehrer von Lama Yeshe, legt hier im weiteren ausführlich dar, wie wir einsgerichtete Konzentration, unerläßlich für eine erfolgreiche Praxis von Sutra und Tantra, erlangen können.

Willson, Martin. *In Praise of Tara: Songs to the Saviourness.* London, Wisdom, 1986. Enthält die Geschichte vom Entstehen des Tara-Tantra, einige Sadhanas für die Praxis und lyrische Gebete und Gesänge dieser volkstümlichen Gottheit.

Yeshe, Lama Thubten. *Vajrayogini.* London, Wisdom, 1984. Dt.: *Vajrayogini Kommentar,* Schriften aus dem Aryatara Institut, Reihe Kommentare Nr. 2, Jägerndorf, 1986. Leicht überarbeitete Tonbandabschrift einer Vortragsreihe zu einer wichtigen Praxis des Höchsten Yoga-Tantra. Weitere Kommentare erläutern die Praxis von Heruka-Vajrasattva, Avalokiteshvara, Gyalwa Gyatso, Tara, usw. - and Zopa Rinpoche. *Wisdom Energy.* London, Wisdom, 1982. Dt.: *Diamantwasser: Sinn der Meditation.* Rheinberg, Zero, 1982. Eine einfache und doch umfassende Einführung in den nicht-tantrischen Buddhismus, mit Meditationsanweisungen, die v.a. die Integration des spirituellen Weges in den Alltag zum Thema haben.

DER DIAMANT VERLAG
entstand aus der Arbeit im tibetisch-buddhistischen Meditationszentrum ARYATARA INSTITUT e.V. Er ist Mitglied in der Stiftung zur Erhaltung der Mahayana-Tradition (FPMT), einem Zusammenschluß von etwa 70 Meditations-, Studien- und Retreatzentren rund um den Erdball, die unter der Leitung von Lama Thubten Zopa Rinpoche stehen.

Weitere Titel aus unserem Programm:

Lama Yeshe, *Die Grüne Tara*, Weibliche Weisheit, Grundlagen des buddhistischen Tantra. 192 S., DM 30,–, ISBN 3-9805798-2-4

Lama Yeshe, Lama Zopa u.a., *Heilung*, Tibetische Lehren und Übungen. 150 S., DM 25,–, ISBN 3-9805365-0-5

Lama Zopa Rinpoche, *Probleme umwandeln,* Wie du glücklich sein kannst, wenn du es nicht bist. 116 S., DM 26,–, ISBN 3-9805798-0-8

Lama Zopa Rinpoche, *Herzensrat eines tibetischen Meisters.* 192 S., DM 32,–, ISBN 3-9805365-3-X

Landaw Jonathan, *Bilder des Erwachens,* Tibetische Kunst als innere Erfahrung. 314 S., DM 46,–, ISBN 3-9805798-1-6

Mackenzie, Vicki, *Die Wiedergeburt*, Ein tibetischer Lama kehrt zurück. 240 S., DM 22,–, ISBN 3-9805365-7-2

Mackenzie, Vicki, *Im Westen wiedergeboren*. 250 S., DM 32,–, ISBN 3-9805365-1-3

McDonald Kathleen, *Wege zur Meditation,* Eine praktische Anleitung. 256 S., DM 29,–, ISBN 3-9805365-8-0

S. H. XIV, Dalai Lama, *Ein menschlicher Weg zum Weltfrieden.* 24 S., DM 5,90, ISBN 3-9805365-9-9

Wallace Alan, *Von Tibet nach New York,* Alte buddhistische Weisheit für unser heutiges Leben. 232 S., DM 36,–, ISBN 3-9805365-2-1

Prinz Siddharta, das Leben des Buddha, erzählt von Jonathan Landaw, mit 62 Farbaquarellen von Janet Brooke. 150 S., DM 38,–, ISBN 3-9805365-6-4

Auslieferung:

Diamant Verlag, Iris Fricke, Fuchsweg 7, D-89284 Pfaffenhofen

Bitte fordern Sie unseren Katalog an!